New Collection 25

중학교 영어로 다시 읽는 세계명작

# 알퐁스 도데 단편선

별 마지막 수업 외

*Alphonse Daudet's*
*Best Short Stories*

Alphonse Daudet 원작
넥서스콘텐츠개발팀 엮음

넥서스

**중학교 영어로 다시 읽는 세계명작**
**New Collection 25**

**알퐁스 도데 단편선**

원  작 Alphonse Daudet
엮은이 넥서스콘텐츠개발팀
펴낸이 임상진
펴낸곳 (주)넥서스

초판 1쇄 발행 2006년  6월 30일
초판 2쇄 발행 2006년 12월 25일

2판 1쇄 발행 2013년  6월 15일
2판 9쇄 발행 2023년  3월  2일

출판신고 1992년 4월 3일 제311-2002-2호
주소 10880 경기도 파주시 지목로 5
전화 (02)330-5500  팩스 (02)330-5555

ISBN  978-89-6790-356-5  14740
(SET) 978-89-5797-467-4  14740

가격은 뒤표지에 있습니다.
잘못 만들어진 책은 구입처에서 바꾸어 드립니다.

**www.nexusbook.com**

# 머 리 말

어릴 적 즐겨 읽었던 『이상한 나라의 앨리스』나 『작은 아씨들』을 이제 영어로 만나 보세요. 지난날 우리들을 설레게 했던 명작들을 영어로 읽어봄으로써, 우리말로는 느끼지 못했던 또 다른 재미와 감동을 느낄 수 있습니다. 또한 친숙한 이야기를 영어로 바꿔 읽는 것은 그 어느 학습 자료보다도 효과적입니다. 자신이 알고 있는 이야기를 떠올리며 앞으로 전개될 내용을 상상하며 읽어 나가면, 낯선 내용을 읽을 때만큼 어렵거나 부담스럽지 않기 때문입니다.

『중학교·고등학교 영어로 다시 읽는 세계명작 시리즈 New Collection』은 기존에 나와 있는 명작 시리즈와는 달리, 소설책을 읽듯 추억과 감동에 빠져들 수 있도록 원서의 느낌을 최대한 살렸습니다. 또한, 영한 대역 스타일을 탈피하여 우리말 번역을 권말에 배치함으로써 독자 여러분이 스스로 이야기를 이해하는 연습을 할 수 있도록 하였습니다. 더불어 원어민 성우들이 정확한 발음과 풍부한 감성으로 녹음한 MP3 파일은 눈과 귀로 벅찬 감동을 동시에 경험하며, 최대의 학습 효과를 얻을 수 있도록 제작되었습니다.

'순수하고 가슴 뭉클한 그 무엇'이 절실한 요즘, 주옥같은 세계명작을 다시금 읽으며 잠시나마 마음의 여유를 갖고 영어소설이 주는 감동에 빠져 보세요.

넥서스콘텐츠개발팀

# 이 시 리 즈 의 특 징

### 1 읽기 쉬운 영어로 Rewriting

한국인이 가장 좋아하는 세계명작만을 엄선하여, 원문을 최대한 살리면서 중·고등학교 수준의 쉬운 영어로 각색하였다. 『중학교 영어로 다시 읽는 세계명작 시리즈』는 1,000단어, 『고등학교 영어로 다시 읽는 세계명작 시리즈』는 2,000단어 수준으로 각색하였으며, 어려운 어휘는 별도로 설명하였으므로 사전 없이도 읽을 수 있다.

### 2 학습 효과를 배가시키는 Summary

각 STORY 및 SCENE이 시작될 때마다 우리말 요약을 제시하여 내용을 추측하면서 읽을 수 있기 때문에, 원서의 부담을 덜면서 보다 큰 학습 효과를 얻을 수 있다.

### 3 학습용 MP3 파일

전문 원어민 성우들의 실감나는 연기가 담긴 MP3 파일을 들으면서, 읽기와 함께 듣기 및 말하기까지 연습할 수 있다.

### 4 독자를 고려한 최적의 디자인

한 손에 쏙 들어오는 판형, 읽기 편한 서체와 크기 등 독자가 언제 어디서나 오랜 시간 즐겁게 읽을 수 있도록 최상의 편집체제와 세련된 디자인을 고안하였다.

# 추 천 리 딩 가 이 드

*step 1*  **청해**  들으면서 의미 추측하기

책을 읽기에 앞서 MP3 파일을 들으며 이야기의 내용을 추측해 본다.

*step 2*  **속독**  빨리 읽으면서 의미 추측하기

STORY 및 SCENE의 영문 제목과 우리말 요약을 읽은 다음, 본문을 읽으면서 혼자 힘으로 뜻을 파악해 본다. 모르는 단어나 문장이 나와도 멈추지 않고 전체적인 흐름을 파악하는 데 주력한다.

*step 3*  **정독**  정확히 읽으면서 의미 파악하기

어구 풀이와 권말 번역을 참고하면서 정확한 의미를 파악한다.

*step 4*  **낭독**  소리 내어 읽으면서 소리와 친해지기

단어와 단어가 연결될 때 나타나는 발음현상과 속도 등에 유의하면서 큰 소리로 또박또박 읽어본다.

*step 5*  **섀도잉**  따라 말하면서 회화 연습하기

MP3 파일을 들으며 원어민의 말을 한 박자 늦게 돌림노래 부르듯 따라 말하면서, 속도감과 발음 등 회화에 효과적인 훈련을 한다.

# 이 시리즈의 구성

## 우리말 Summary

이야기를 읽기 전에 내용을 짐작해 봄으로써, 편안한 마음으로 읽을 수 있도록 우리말 요약을 제시하였다. 이를 힌트 삼아 보다 효과적인 내용 이해가 가능할 것이다.

> ### A Scandal in Bohemia
>
> 셜록 홈즈에게는 여성이라면 단 한 명만이 기억 속에 남아 있는데
> 그녀는 홈즈마저 속이를 앞던 그녀 신사의 사건을 외압하게 거절하여
> 그의 지혜를 실감하여 그를 놀라게 한 여성이었다.
> 그는 날 홈즈를 통해 알려주에서
> 한 여성으로 만나기 전에서 결론에 위협한 요소를 허용을 거부며,
> 그 일이를 제압할 시간 한 점을 허락이 없다고 외워하였다.

## 영문

부담스러워 보이지 않고 편안하게 술술 읽히도록 서체와 크기, 간격 등을 최적의 체제로 편집하였다.

> ### 1
>
> To Sherlock Holmes, she is always the woman. I have seldom* heard him call her anything else. In his eyes she represents* the very best of all women. It was not that Holmes loved the late* Irene Adler. He did not allow himself to feel any

## 어구 풀이

이야기를 이해하는 데 도움이 되도록 어려운 어구를 순서대로 정리하였다. 이야기에 사용되는 의미를 우선순위로 하였으나, 2차적 의미가 중요하거나 불규칙 활용을 하는 경우도 함께 다뤄주어, 보다 풍부한 어구 학습이 되도록 배려하였다.

> *A Scandal in Bohemia*  13
>
> emotion," particularly* love for a woman. He kept his mind cold and exact* and very balanced.* In my opinion Sherlock Holmes was the most perfect* mind that the world has ever seen. But he never spoke of the softer feelings, except with sarcasm.* He would not let himself feel a strong emotion; it would upset* him too much. But there was one woman for him and that woman was Irene Adler, someone remembered by perhaps nobody else.
>
> Holmes and I had not met for a long time. I had married and now spent a lot of time with my wife in complete* happiness. Our new home kept me busy. Holmes, by contrast,* kept away from people as far as possible,* living at an old
>
> seldom 좀처럼 ~ 않다, 드물게  represent ~라나타, 상징하다  late 고인의, 사망한  emotion 감정  particularly 특히, 특별히  exact 정확한, 꼼꼼한  balanced 안정된 침착  perfect 완벽한, 더할 나위 없는  sarcasm 빈정거림, 비꼬음  upset 심란하게 하다, 마음을 뒤집어 놓다  complete 완벽한, 완전한  by contrast 대조적으로  as far as possible 가능한 한 많이

**우리말 번역**

문장 구성과 어구의 쓰임을 효율적으로 학습할 수 있도록 직역을 기본으로 하여 번역하였다. 가능하면 번역에 의존하지 않고 영문과 어구만으로 이야기를 이해하도록 하며, 번역은 참고만 하도록 한다.

**페이지 표시**

영문을 읽다가 해결되지 않는 부분이 있을 때 그에 대응하는 번역 부분을 손쉽게 찾을 수 있도록 해당 영문 페이지의 번호를 입력해 놓았다.

# MP3 파일
## www.nexusbook.com에서 다운로드

전문 원어민 성우들의 생생한 연기를 귀로 들으며, 바로 옆에서 누군가가 동화책을 읽어주는 것처럼 더욱 흥미롭고 효과적으로 학습할 수 있다.

# 저자 소개

1840년 5월 남프랑스 님에서 태어난 알퐁스 도데는 포목 상을 하던 아버지 밑에서 자랐다. 하지만 아버지가 사업에 실패하면서 이사를 가게 돼, 학교는 리옹에서 다녔다. 이 시절 어느 중학교의 사환으로 일하면서 교사들과 학생들에게 시달림을 받았던 것이 도데에게는 아픈 기억으로 남았다고 한다.

그 후 파리로 거처를 옮긴 도데는 처녀작 『연인들』을 발표했고, 이것이 계기가 되어 나폴레옹 3세와 가까운 친척이었던 모르니 공작의 개인비서가 된다. 이로써 경제적 안정을 누리게 된 도데는 작품 활동에 더욱 정진했고, 1868년에 발표한 풍부한 서정성과 섬세한 묘사가 돋보이는 소설 『별』과 이 소설이 실린 단편집 『방앗간 소식』을 통해 소설가로서 큰 명성을 얻게 된다. 『마지막 수업』, 『아를르의 여인』 등과 같은 단편들이 이후 대표작으로 손꼽히고 있다.

# 작품 소개

이 책에 실린 도데의 대표적 단편들에서는 도데의 서정적이고 인상주의적인 면과 동시에 사회를 신랄하게 비판하는 자연주의 작가로서의 면모를 모두 접할 수 있다.

『아를르의 여인』, 『별』, 『노부부』 등에서는 섬세하면서도 서정적인 배경과 묘사들이 감수성을 자극하고 있는 반면, 『당구 경기』, 『황태자의 죽음』, 『코르니유 영감의 비밀』 등에서는 사회의 권력자들의 부조리, 물질만능주의의 폐단 등에 대한 신랄하면서도 풍자적인 비판이 강하게 드러나 있다.

한편, 『어린 스파이』, 『베를린 포위 공격』, 『나쁜 주아브병』에서는 도데의 프랑스의 독립에 대한 염원과 애국심이 강하게 드러나 있다. 이 세 작품 속에서 그는 조국에 대한 충성을 자신의 목숨을 감수하면서까지 지켜야 할 숭고한 가치로 묘사해 강조하고 있다.

이런 다양한 내용의 단편들이 도데를 서정주의의 대명사로만 인식했던 독자들에게 인상주의적인 면을 지닌 자연주의 작가로서 도데의 참모습을 엿볼 수 있는 계기를 마련해줄 수 있으리라고 기대된다.

# Contents

# The Child Spy*

군인처럼 강인한 성격의 소유자이지만
아들을 너무나도 사랑하는 스텐이라는 사내에게는
자신과 똑같은 이름을 가진 스텐이라는 아들이 하나 있다.
아들 스텐은 우연히 알게 된 키가 큰 아이와 어울리다가
적군인 프로이센군에 아군 프랑스군의 정보를 팔게 된다.
이를 알게 된 아버지 스텐은 아들이 받아온 돈을 돌려주겠다며 나가버리고
다시는 돌아오지 않는다.

His name was Stenne, little Stenne.

He was a child of Paris, often sick and
pale.* His mother was dead; his father was
keeper* of a square.* Everyone knew and
adored Father Stenne. They knew that
beneath* his rough,* soldier appearance,*

he was a kind and good man who would smile. In order to see that smile one only had to ask, "How's your little boy?"

Father Stenne was so fond of* his boy!

Unfortunately, with the Prussian* siege* of Paris, everything changed. Father Stenne's square was closed, and the poor man was forced to* keep watch* all the time* in this time of war. As for little Stenne, the siege was such an amusing* time for him. No school! No lessons! Vacation all the time and the street like a fair.*

The child stayed outdoors,* wandering about* until night. The gambling games were the most fun to watch. He did not play because it cost too much money. He was happy just to watch the players.

---

**spy** 스파이  **pale** 창백한  **keeper** 파수꾼, 지키는 사람  **square** 광장  **beneath** ~아래  **rough** 거친  **appearance** 외모  **be fond of** ~을 좋아하다  **Prussian** 프로이센의; 프로이센 사람  **siege** 포위 공격  **be forced to** 억지로 ~하게 만들다  **keep watch** 망을 보다  **all the time** 항상(=always)  **amusing** 재미있는, 즐거운  **fair** 축제일, 장날  **outdoors** 실외에서, 집밖에서  **wander about** ~을 정처 없이 여기저기 다니다

Little Stenne especially admired a tall youth in a blue shirt, who bet five-franc pieces. You could hear the money jingling* in his pockets.

One day, the tall youth said to him.

"Do you see this money? Well, I will tell you where they are to* be found, if you want."

He suggested that they sell newspapers to the enemy Prussians on the other side. At first, little Stenne was very angry and refused.* He actually* stayed away from* the game for three days. But the temptation* was too great. On the fourth day he returned to the games and allowed himself to* be persuaded* by the tall youth.*

They set out one snowy morning, a bag over their shoulders and newspapers hidden* under their shirts. The tall youth took Stenne by the hand.*

The tall fellow* cut across* the fields

to avoid the French guards. However, they ran into* a patrol* of French sharp-shooters* at a guardhouse* and they were not allowed to pass. An old sergeant, who looked like little Stenne's father, came out of the guardhouse and told the boys to come inside and warm* themselves.

Little Stenne trembled* with shame.* In the guardhouse they found several soldiers crouching* about* a fire. An officer* came to the door and whispered* something to the sergeant.

"Men," said the sergeant, with a joyful face, "something will happen tonight. I believe that this time we shall recapture*

---

jingle 짤랑짤랑 소리를 내다  be to (가능성을 나타내어) ~할 수 있다  refuse 거절하다, 거부하다  actually 실제로  stay away from ~에 가지 않고 지내다  temptation 유혹  allow oneself to …이 ~하는 것을 허락하다  persuade 설득하다  youth 젊음; 젊은이  hide 숨기다(hide-hid-hidden)  take ~ by the hand ~의 손을 붙잡다  fellow 동료, 친구  cut cross ~를 가로질러 가다  run into ~를 우연히 마주치다  patrol 순찰병, 정찰병  sharpshooter 저격병  guardhouse 초소  warm 몸을 녹이다  tremble (몸을) 떨다  shame 수치심  crouch 몸을 쭈그리다, 웅크리다  about ~ 주위에서, 주변에서  officer 장교  whisper 속삭이다  recapture 되찾다, 탈환하다

that village of Bourget again."

There were cheers. The French sharp-shooters danced and sang and waved their sword bayonets,* and the children, taking advantage of* the celebration,* left the guardhouse.

"Let's go back, let's not go on,*" said little Stenne again and again.*

The other shrugged his shoulders* and kept on.* The tall youth led them to the enemy Prussian quarters.*

In the Prussian quarters, the enemy soldiers were drinking, eating, singing, and playing cards. When the tall boy entered, a joyous cheer* greeted them. They showed their newspapers and the boys were encouraged to* talk. All the officers had an arrogant* manner, but the tall youth amused them with his wit* and street language.* They laughed at him.

The tall boy made fun of* the French National Guards. Then the tall boy lowered his voice, and warned the enemy Prussian officers of the secret attack* plan of the French sharpshooters.

Little Stenne sprang to his feet* in anger.*

"No! This is wrong!"

But the other boy simply laughed. The officers ordered the children to leave and began to talk among themselves very quickly, in German.

The tall youth went out as proud as a prince,* jingling his money. Stenne followed him, hanging his head* in shame.* Tears came to his eyes.*

---

**sword bayonet** 총검   **take advantage of** ~을 이용하다   **celebration** 기념, 축하   **go on** 계속 가다, 전진하다   **again and again** 계속해서   **shrug one's shoulders** (관심 없다 혹은 신경 안 쓴다는 의미로 양 손바닥을 내보이며) 어깨를 으쓱해 보이다   **keep on** 가던 길을 계속 가다   **quarter** (보통 복수로 사용돼) (군대) 병영, 막사   **cheer** 환호   **be encouraged to** ~하라고 격려를 받다   **arrogant** 거만한   **wit** 재치; 재치가 넘치는 이야기   **street language** 길에서 쓰는 거친 말   **make fun of** ~을 웃음거리로 만들다   **attack** 공격   **spring[jump] to one's feet** 벌떡 일어서다   **in anger** 화가 나서   **as proud as a prince** 기고만장해서   **hang one's head** 낙심하다, 부끄러워서 고개를 숙이다   **in shame** 수치심에   **Tears come to one's eyes.** ~의 눈에서 눈물이 나오다

Once in the field, the children returned quickly to the city. They passed the French sharpshooters who were preparing for* the night attack. When the children passed, the old sergeant recognized* them and smiled at them.

Oh! How that smile hurt little Stenne! For a moment* he was tempted to* call out.* "Don't go there, we have betrayed* you."

But the tall youth had told him. "If you speak, you will be shot." Stenne was afraid.

They divided* the money and little Stenne felt better. But when he was alone, he felt as though* he were a traitor* and a spy! When he reached home, he quickly hid the money under his pillow.

Father Stenne was happy when he came home that night. News had been received from the provinces* of the planned attack: the situation* was looking better.

Above eight o'clock, they heard cannon.

"They are fighting at Bourget village," said the good man.

Little Stenne turned pale. He went to bed, but did not sleep. The cannon still roared.* He imagined the sharpshooters arriving in the dark, only to fall into an ambush.* He remembered the French sergeant who had smiled at him and imagined him laying dead in the snow. The price of all that blood was hidden there under his pillow, and it was he, the son of Sir Stenne, a soldier—tears choked* him. The unhappy child began to cry.

"What's the matter with you?" asked

---

**prepare for** ~을 준비하다   **recognize** 알아보다   **for a moment** 잠시 동안
**be tempted to** ~하고 싶은 유혹을 느끼다   **call out** 소리치다   **betray** 배반하다
**divide** 나누다   **as though** 마치 ~인 것처럼(=as if)   **traitor** 반역자, 매국노
**province** 지방, 시골   **situation** 상황   **roar** 으르렁대다; 굉음을 내다   **ambush**
매복   **choke** 목을 조르다; 질식시키다

Father Stenne as he entered the room.

The child could not stand it any longer; he leaped out of bed and threw himself at his father's feet.* The silver pieces rolled onto the floor.

"What is all this? Have you been stealing?" demanded* the old man.

Little Stenne told him that he had been to the enemy Prussian quarters and what he had done there.

Father Stenne listened with a terrible face. When his son finished, he hid his face in his hands* and wept.*

"Father, father?" the child said.

The old man pushed him away* without replying and picked up the money.

"Is this all?" he asked.

Little Stenne nodded.* The old man took down his musket* and cartridge box,* and said as he put the money in his pocket.

"All right. I am going to return it to

them."

And without another word, without even turning his head, he went down and joined the French troops* who were marching away in the darkness. He was never seen again.

---

**at one's feet** ~의 발치에  **demand** 요구하다; 대답을 요구하다  **hide one's face in one's hands** 손으로 얼굴을 가리고  **weep** 흐느끼다(weep-wept-wept)  **push ~ away** ~를 밀쳐내다  **nod** (머리를) 끄덕이다  **musket** 머스킷 총 (구식 보병총)  **cartridge box** 탄약통  **troop** 군대

# The Siege of Berlin

프로이센과의 전쟁 중 프랑스가 수세에 몰리고 있던 상황에서
상제리제 거리에 있는 주브 대령 댁으로 왕진을 갔던 V박사는
할아버지가 충격을 받을 것을 염려하는 주브 대령 손녀와
프랑스가 선전하고 있다는 거짓말을 하게 된다.
이런 거짓말은 프로이센이 파리를 점령할 때까지 계속 되고,
결국 사실을 알아버린 주브 대령은
프로이센군이 파리에 입성하던 날 충격으로 세상을 뜨게 된다.

We were going up the war-damaged\*
Avenue des Champs-Elysées with Dr. V,
asking for the story of the siege of Paris.
The doctor stopped and pointed to one
of the great corner houses\* near the Arc
of Triomphe.\* He said to me:

"Do you see that apartment balcony? In

the early days of that terrible August last year, I was called there to that apartment to treat* an old soldier named Colonel* Jouve who lived there. He wanted to live near the Arc of Triomphe in order to witness* the triumphant* return of our troops. Poor old fellow! When he heard the news of France's first defeat* at Wissembourg, he collapsed.*

He was a magnificent* and noble* man of about sixty. When I arrived, I saw his dying body stretched out.* Beside him was his granddaughter, on her knees and in tears.*

The child's grief touched me. I comforted* her as best I could,* but in reality* I had little hope. We had to do with* a

---

**war-damaged** 전쟁으로 망가진   **corner house** 모퉁이집   **the Arc of Triomphe** 프랑스 파리에 있는 개선문   **treat** 치료하다   **colonel** 대령   **witness** 목격하다   **triumphant** 이겨서 좋아하는, 의기양양한   **defeat** 패배, 패전   **collapse** 쓰러지다, 맥없이 주저앉다   **magnificent** 훌륭한, 위대한   **noble** 고상한, 고귀한   **stretch out** 팔다리를 뻗다   **in tears** 눈물을 흘리며   **comfort** 위로하다   **as best one could** 가능한 최선을 다해서   **in reality** 실제로, 실은   **do with** ~을 다루다, 처리하다

case* of complete* paralysis* on one side, and few people recover.* For three days the patient lay in the same state* of paralysis. Then the news of our troops winning a battle reached Paris. It was like a miracle,* but the news awakened* the old man out of his illness. When I approached* his bed, I did not find the same man there. His eye was almost clear and he could speak. He had the strength to smile at me, and he stammered* twice: 'Vic-to-ry!'

'And as I gave him details* of the news of our victory, I saw that he relaxed* and his face lighted up.*

When I left the room, however, the girl was anxiously* waiting for me at the door. She was sobbing.*

'But he is saved!' I said, taking her hands.

The unhappy child could hardly* reply. The true report was released*—in fact, French troops were in retreat,* the whole army crushed.* We gazed at* each other in worry. She was in despair, thinking of her grandfather. I trembled,* thinking of the old man. He certainly could not stand the fresh shock of this news. What were we to do? Leave him his joy, and the illusions* which had revived* him? But in that case we must lie.

'Very well, I will lie!' said the heroic* girl, quickly wiping away her tears, and with radiant* face she entered her grandfather's chamber.*

It was a hard task. The first few days were not difficult to lie. The good man's brain was weak, and he allowed himself to

---

**case** (의학) 병세, 병상  **complete** 완전한, 완벽한  **paralysis** 마비  **recover** 회복하다  **state** 상태  **miracle** 기적, 신비  **awaken** (잠 등에서) 깨우다  **approach** 접근하다  **stammer** 말을 더듬다  **detail** 세부사항, 상세한 내용  **relax** 편하게 휴식을 취하다  **light up** 밝아지다  **anxiously** 근심스럽게, 걱정하며  **sob** 흐느껴 울다  **hardly** 거의 ~하지 않다  **release** 발표하다, 공개하다  **in retreat** 후퇴하는, 후퇴 중인  **crush** 깨지다, 부서지다  **gaze at** ~을 뚫어지게 보다, 응시하다  **tremble** (몸 등이) 떨리다, 전율하다  **illusion** 환영, 환상  **revive** 부활시키다  **heroic** 영웅적인, 용감한  **radiant** 빛나는; 상냥한  **chamber** 방

be deceived like a child. But with his health returning, his ideas became clearer. We had to keep him informed of the movement of the armies, to draw up fake* military maps for him. Really, it was pitiful* to see that lovely child leaning night and day over her map of Germany, pinning little flags upon it, and struggling to* lay out* a glorious* campaign.* For all this she asked my advice, and I assisted* her as well as I could.

'Doctor, we have taken Mayence,' the girl would say to me, coming to meet me with a heartbroken* smile, and I would hear through the door a joyous voice shouting to me. 'We are advancing into Germany! In a week we shall be in Berlin!'

At that moment the Prussians were only a week's march from Paris. We wondered at first if it would be better to take him into the provinces, but he was still too weak to know the truth. So we decided to remain.

The first day of the siege of Paris, I went to the apartment and I found the good man seated on his bed, proud and jubilant.*

'Well,' he said, 'so the siege has begun!'

I gazed at him in blank* amazement.

'What, Colonel! You know?'

His granddaughter turned towards me. 'Why, yes, doctor, that's the great news. The siege of Berlin has begun.'

As she said this, she pretended everything was normal*! How could he have suspected* anything? He could not hear the guns of the forts.* He could not see our unfortunate Paris, all in confusion* and dreadful* to witness.

---

**fake** 가짜의  **pitiful** 가엾은, 딱한  **struggle to** ~하려고 노력하다, 고생하다  **lay out** 배치하다  **glorious** 영광스러운, 승리의  **campaign** 군사행동, 전투  **assist** 돕다  **heartbroken** 비탄에 잠긴, 애끓는  **jubilant** (환성을 울리며) 몹시 기뻐하는, 좋아하는  **blank** 멍한, 얼빠진  **normal** 정상의  **suspect** 의심하다, 의구심을 품다  **fort** 요새  **confusion** 혼란  **dreadful** 무서운, 두려운

From time to time, when the old man was too much bored, we would read him a letter from his son—an imaginary letter, of course, for nothing was allowed to enter Paris. You can imagine the despair* of that poor child, without news from her father, knowing that he was a prisoner, in need of everything, perhaps sick. She would pretend to read joyously, forcing back* her tears. The colonel would listen and smile. He would reply in letters that he sent to his son. 'Never forget that you are a Frenchman,' he would say to him. 'Be generous to those poor people. Don't make the invasion* too hard for them.'

He dictated* this in a firm* voice, and one was conscious of* such a noble, patriotic* faith,* that it was impossible not to be moved* while listening to him.

Meanwhile the siege went on—not the siege of Berlin, alas! But thanks to our care and efforts, the old man's peace of mind was not disturbed* for an instant.* To the very end* I was able to obtain white bread and fresh meat for him.

From that day, however, as the time of complete recovery drew near,* our lie became more difficult. Two or three times, the terrible sounds of cannon from outside the city had made him jump; we were forced to pretend* that Berlin was almost captured and that guns were fired in his honor at the War Veterans museum.

One evening when I arrived, the girl came to me in great worry.

'The Germans are to march into* the city tomorrow,' she said.

---

**despair** 절망　**force back** (눈물 등을) 억지로 삼키다　**invasion** 침략, 공격
**dictate** ~을 받아쓰게 하다　**firm** 견고한; 확고한　**be conscious of** ~을 자각하다, 인식하다　**patriotic** 애국적인　**faith** 신념　**move** 감동시키다　**disturbed** (마음이) 산란한, 동요된　**for an instant** 잠시 동안　**to the very end** (강조하는 의미로) 끝까지　**draw near** (날짜 등이) 다가오다　**pretend** ~인 체하다　**march into** ~로 행진하다, 행군하다

Was the grandfather's door open? In truth, I remembered that his face wore an extraordinary* expression* that night. It is probable that he had overheard* us. But we were talking of the Prussians, and the good man was thinking of the French, of that triumphal* entry which he had been waiting so long!

Poor Father* Jouve! He had imagined that we intended to* prevent him from witnessing that parade of our troops, in order to avoid too great excitement. The next day, at the very hour when the Prussian battalions* entered upon* the long road into Paris, the colonel appeared on the balcony, with his helmet, his long sword, all the decorations of his old uniform.

For a moment he might have thought* that he was mistaken.

But no! There, behind the Arc of Triomphe, there was a confused* noise, a black line approaching in the rising sunlight. Then, little by little, the Prussian soldiers entered to the sound of Schubert's Triumphal March!

Thereupon* in the deathlike* silence of the square, a cry rang out,* a terrible cry: 'To arms! To arms! The Prussians!' and the four soldiers at the front looked up at the balcony and saw a tall old man wave his arms, stagger,* and fall. That time, Colonel Jouve was really dead."

---

**wear a(n) ~ expression** (얼굴 등이) ~한 표정을 하고 있다   **extraordinary** 특별한   **overhear** 우연히 듣다, 엿듣다(overhear-overheard-overheard) **triumphal** 승리의, 개선의   **Father** (존칭으로) ~옹   **intend to** ~하려고 의도하다   **prevent ~ from -ing** ~가 …하는 것을 못 하게 막다   **battalion** 병사 **enter upon** ~에 발을 내딛다   **might have thought** 생각했는지도 모른다 **confused** 혼란스러운, 어리둥절한   **thereupon** 그래서, 그 결과   **deathlike** 죽음과 같은   **ring out** (종소리 등이) 울리다   **stagger** 단검

# The Bad Zouave*

대장장이 로리는 저녁 식사 자리에서 아내에게
조국을 저버린 주아브병들을 호되게 비난한다.
하지만 역시 주아브병으로 일하고 있는 자신의 아들은
그런 매국노들과는 다르다며 호언하고 잠깐 집을 비운다.
그 사이 아버지를 피해 숨어있던 아들이 모습을 드러낸다.
아들이 탈영했다는 사실을 알게 된 로리는 대장간을 아들에게 맡기고
아들 대신 주아브병이 되기 위해 아프리카로 향한다.

That evening the big blacksmith,* Lory
of Sainte-Marie-aux-Mines, was not
happy.

When the smithy fire* had gone down
and the sun had set, it was his custom to
rest after a hot day's work. But that

evening the good blacksmith seemed
irritable* and upset.* His old wife looked
at him and thought, 'What happened to
him? Did he receive bad news about our
son in the war?'

But she dared not* question* him,
and busied herself with* his dinner.

At last the blacksmith pushed back his
plate in a rage and cried, "Ah, what
brutes, what animals!"

"Lory, who are you talking about?" said
his wife.

He shouted, "I am talking of five or six
traitors who were seen this morning in
town wearing their French uniforms, arm
in arm* with the Bavarians. They have
chosen Prussian citizenship."

The mother tried to defend* them.

---

**Zouave** 프랑스 보병(원래 알제리 사람으로 편성되고 아라비아 옷을 입었음)
**blacksmith** 대장장이  **smithy fire** 대장간 불  **irritable** 화를 잘 내는  **upset**
근심되는, 낭패한  **dare not** 감히 ~하지 못 하다  **question** 질문하다  **busy
oneself with** ~으로 바쁘게 시간을 보내다  **arm in arm** 팔짱을 끼고  **defend**
옹호하다, 역성을 들다

"My poor husband, what do you expect? Those boys are not entirely* to blame.* They were sent to Algeria, so far away in Africa! They get homesick* out there, and their temptation is very strong to come back and not be soldiers any longer."

Lory struck the table with his fist.

"Be still, mother! You women understand nothing. I tell you, those fellows are the worst scoundrels*! If our own son Christian ever deserted* the military like that, I would kill him with my own sword!"

He rose from his chair and pointed to his sword, which hung under a picture of his son in the uniform of a Zouave, the French infantry* unit, taken in Africa.

But merely to look at that honest face was enough to calm him. He began to laugh.

"How silly! Our Christian could never

dream of turning Prussian and deserting
the army—Christian, who killed so many
of the enemy in the war!"

Comforted, the good smith enjoyed
his meal, and left afterwards* for a few
drinks in town.

The old woman was now alone. She
sighed* and thought, 'Of course, those
boys are scoundrels—but so what? Their
mothers are glad to see them again.'

Suddenly, the little gate at the back
opened.

"Good day, mother!"

There stood her son Christian in his
uniform. He seemed anxious* and
ashamed.* The wretched* boy had been
waiting for his father to go out. She
wanted to scold him, but it had been so
long since she had seen him that she

---

entirely 전적으로   blame 탓하다   homesick 향수병에 걸린   scoundrel 건
달, 불한당   desert 탈영하다   infantry 보병   afterwards 그 후에, 나중에   sigh
한숨을 쉬다   anxious 불안한, 걱정하는   ashamed 부끄러워하는, 수치스러워하는
wretched 아주 초라한; 불쌍한

hugged him.

He told her why he had returned: he had missed his hometown and the smithy; he was tired of living so far away from them all, and of the harsh* discipline* as well as his comrades,* who called him "Prussian" because of his accent. She believed every word he said. They talked deeply.

But someone was coming into the yard. It was the blacksmith returning.

"Christian, here comes your father. Quick, hide until I have time to explain everything to him."

She pushed the boy behind the great stove. But the Zouave's cap lay upon the table. It was the first thing Lory noticed* as he entered.

"Christian is here!" he cried, in a terrible voice. Taking down his sword, he rushed towards the stove where the Zouave crouched, pale and sober.*

The mother threw herself between them.

"Lory, Lory! Don't kill him! He came back because I wrote that you needed him at the forge*!"

She held onto his arm and dragged* him back, sobbing.

The smith stopped and looked at his wife.

He said, "So it was you who made him come back! Very well. It is time he went to bed. I shall decide tomorrow what I must do."

The next morning, Lory walked into his son's room. He was very grave and dressed for a journey. He wore his boots and his hat, and carried his heavy mountain stick. He went straight to the bed.

"Come, get up!"

---

**harsh** 고된, 혹독한  **discipline** 규율, 군기  **comrade** 동료, 동무  **notice** 알아 차리다  **sober** 술에 취하지 않은  **forge** 대장간, (대장간의) 노(爐)  **drag** 질질 끌다

Dazed,* the boy started to put on his Zouave equipment.*

"No, not that!" said the father, sternly.*

The mother, concerned, said, "But, my dear, he has nothing else to wear."

"Give him mine. I shall not need them again."

While the boy dressed, Lory carefully packed* the uniform, with its little vest and its huge red pants.

"Now let us go," he said, and all three went silently to the smithy.

The fire roared.* Everyone was at work.* Christian recalled* his childhood and the long hours he had played there. He felt a great longing to be forgiven by his father.

At last the blacksmith spoke.

"Boy," he said, "there stands the anvil* with the tools. They are all yours. And so is all this." He indicated the little garden which lay beyond.

"The house and everything here are all yours. You sacrificed your honor for* these things. Now you must take care of them. Now you are master here. I shall go away. You owe five years to France: I am going to pay them for you."

"Lory, Lory!" cried the poor old wife, "where are you going?"

"Father!" begged* the son.

But the blacksmith was already on his way. He walked with great strides* and did not turn back.

At Sidi-bel-Abbés, the military station of the Third Zouaves, there enlisted some days later a volunteer who gave his age as fifty-five years.

---

**daze** 멍하게 만들다   **equipment** 장비   **stemly** 엄하게   **pack** 짐을 꾸리다   **roar** (동물 등이) 포효하다; (기계 등이) 굉음을 내다   **at work** 일을 하고 있는   **recall** 회상하다, 떠올리다   **anvil** 모루   **sacrifice A for B** B 때문에 A를 회생시키다   **beg** 애걸하다   **stride** 발걸음, 보폭

# The Last Lesson
## -A Story of an Alsatian* Boy

늘 불어 시간이 두렵고 싫기만 했던 나.
하멜 선생님께서 불어 시험을 볼 거라고 하셨던 이 날도 나는 지각을 하고 만다.
꾸중을 들을 것을 예상하며 교실 안으로 들어선 나에게
하멜 선생님은 부드러운 어조로 앉으라고 권하시고는,
오늘이 불어로 하는 마지막 수업이 될 거라고 말씀하신다.
갑자기 그렇게 싫기만 했던 불어책들이 달라 보이기 시작한다.

That morning I was very late for
school. I was very afraid of being scolded*
by my teacher, Monsieur Hamel; for he
had told our class that he would test us
on French grammar and I knew nothing
about the subject.

I ran to school as fast as I could into the small schoolyard* of M. Hamel. By that time school was usually quite noisy, but today it was completely quiet.

I opened the door, flushing.* To my surprise, M. Hamel did not look displeased* to see me. He said gently, "Go to your place quickly, my little Franz. We were going to begin our lesson without you."

I went to my desk at once and sat down. Then for the first time I noticed that our teacher was wearing his best coat.

The class seemed strangely quiet and serious.

M. Hamel stood up on the platform, and said to us. "My children, this is the last time that I shall ever teach you. The order has come from Berlin that from

---

**Alsatian** (프랑스) 알사스 주민의; 알사스 사람 **scold** 꾸중하다 **schoolyard** 교정 **flush** 얼굴을 붉히다 **displeased** 불쾌한

now on* only German shall be taught in schools. The new teacher will come tomorrow. This is our last lesson in French."

My last lesson in French!

I looked down at my books, which only a moment before had seemed so dull* and so troublesome,* and now they looked like old friends from whom I could not bear to part.

After forty years of faithful teaching, our country was now to fall under Prussian rule.*

Suddenly I heard my name called. It was my turn to give the rules of grammar. Oh, how I wished to say the rules clearly and without a mistake!

But I stumbled at* the first word. I stood ashamed, afraid to raise my head. I heard M. Hamel say to me, "I will not scold you, little Franz. You have been punished already. But you are not alone in your fault.* We all think, 'Oh, there is plenty of time. I'll learn tomorrow.' And now you see what happens. Prussians may say to us, 'What! You say you are French, and yet you cannot speak or write your own language!'"

Then M. Hamel began to talk to us about the French language. He told us that it was the most beautiful language in the world; that we must always love it, because no people could ever be conquered* so long as they did not lose their language.

Poor teacher, he wished to give us all that he knew before going away.

Every child worked hard. On the roof of the schoolhouse pigeons cooed* softly. As I listened to them, I said to myself. 'Will the birds have to sing in German,

---

**from now on** 지금부터, 앞으로도 계속   **dull** 지루한; 무딘   **troublesome** 성가신, 귀찮은   **fall under one's rule** ~의 치하에 들어가게 되다   **stumble at** ~를 더듬거리며 말하다   **in one's fault** ~의 잘못인   **conquer** 정복하다   **coo** (비둘기가) 구구 소리를 내며 울다

too?'

Suddenly the church clock struck twelve. At the same moment we heard the Prussians returning from drill. M. Hamel stood up. He was very pale, but he never looked so tall.

"My friends," he said. "My friends, I ..."

But something choked* him. He could not go on. He turned to the blackboard, and with a piece of chalk wrote in large letters: "Long live France!"

Then he stood there, with his head against the wall, and, without speaking, he made a sign to us with his hand: "The lesson is over. You may go."

STORY 5

# The Stars
## -A Story of a Provencal* Shepherd*

산에서 양을 치며 혼자 지내는 목동인 나에게 유일한 낙은
주인집에서 먹을거리를 챙겨 산으로 가져다주는 심부름꾼 아이가 들려주는
주인집 스테파네트 아씨에 대한 소식들이다.
유난히 심부름꾼 아이의 도착 시간이 늦어지던 그날,
아픈 심부름꾼 아이 대신이라며 스테파네트 아씨가 오셨다.
그러나 먹을거리를 건네주시고 바로 산 아래로 내려가셨던 아씨가
비에 불어버린 강물 때문에 주인집으로 가지 못하고
다시 산으로 올라와 하룻밤을 지내게 된다.

When I was a shepherd on the Luberon,
I was alone in the pasture* and did not see
my friends for weeks. The country people
were simple, quiet people who did not

---

**choke** 숨이 막히게 만들다, 목이 메이게 하다   **Provencal** 프랑스 프로방스의; 프로
방스 사람   **shepherd** 목동, 양치기   **pasture** 목장, 방목장

know what was going on in the villages and towns.

Thus, when I heard the bells of a mule* from our farm carrying our provisions,* I felt very happy. The delivery* boy would tell me the news of baptisms* and marriages, but what interested me most was the news about the daughter of my master, our lady Stephanette, the most beautiful girl for miles around.

Pretending I didn't care, I often asked if she had new suitors.* Some people might wonder how a poor mountain shepherd such as I should be interested in those things. I reply that Stephanette was the most beautiful thing that I had ever seen in my life.

Well, one Sunday I was waiting for the provisions, but they were very late. When the delivery finally came, the one who led the mule was not the usual boy. It was... guess who!... our young lady herself!

The delivery boy was ill. The beautiful Stephanette, getting down from the mule, told me all about it. She arrived late because she had lost her way. Dressed in her Sunday clothes, with her ribbons and her colorful dress, she looked as if* she had been dancing, not lost in the mountains. Oh, the sweet creature! I was never tired of looking at her. I had never seen her so close before.

When Stephanette had handed me the provisions, she looked around with curiosity.* She wanted to see the place where I worked and slept. Everything interested her.

"Then you're living here, my poor shepherd? You must be bored to death to

---

**mule** 노새   **provision** (보통 복수로 사용돼) 식량, 양식   **delivery** 배달   **baptism** 세례식   **suitor** 구혼자, 청혼자   **as if** 마치 ~인 것처럼   **with curiosity** 호기심을 가지고

be always alone! What do you think about?"

How I wished to say, "Of you, Stephanette!" but I was so confused that I could not find a single word. The mischievous* girl took pleasure at my embarrassment. She said goodbye and went away with her empty baskets.

Towards evening, I heard someone calling me, and saw our young lady coming up, no longer smiling but drenched,* trembling with cold and fear.

At the foot* of the mountain she had found the river swollen* by the rain. Trying to cross it, she was almost drowned.* Now it was too late for her to return to the farm. The idea of passing a night on the mountain troubled* her very much, especially because her family would be anxious about her. I comforted* her as best I could.

I made a big fire at once to dry her feet and dress soaked* with water. Then I brought her some milk and cheese, but the poor girl started crying. In the meantime,* the night had come. I told her to rest in the barn.*

Spreading a beautiful new goatskin* on the new straw, I said good night to her and went to sit outside at the gate.

God is my witness that, in spite of* the fire of love that burned in my blood, no wicked thought arose in me for the daughter of my master. She was asleep, and I was confident* that I would keep her safe.

Suddenly the barn door opened, and the beautiful Stephanette appeared. She could not sleep. She wanted to come

**mischievous** 장난기 넘치는, 장난스러운  **drench** 물에 흠뻑 젖다  **foot** (산이나 언덕 등의) 기슭  **swell** 부풀어 오르다(swell-swelled-swollen)  **drown** 물에 빠지다, 익사하다  **trouble** 괴롭히다, 걱정시키다  **comfort** 위로하다, 위안하다  **soak** 적시다, 담그다  **in the meantime** 그러는 동안  **barn** 헛간  **goatskin** 염소가죽 **in spite of** ~에도 불구하고  **confident** 자신감 있는

near the fire. I threw my she-goat* skin on her shoulders, stirred* the fire, and we were seated, close together without speaking.

At that moment, a beautiful shooting star* passed over our heads.

"What is it?" Stephanette asked me in a low voice.

"A soul that has entered paradise, Mademoiselle," I answered and made the sign of the Cross.*

She crossed herself, too, and remained for a moment thoughtful, looking up. She continued to look up and said, "How many stars! How beautiful! I've never seen so many stars... Do you know their names, shepherd?"

"Oh, yes, Mademoiselle..." I said, "That star over there... we call her the beautiful Maguelonne who runs after the planet Saturn* and marries him every seven years."

"What! Are there marriages of stars, shepherd?"

"Oh, yes, Mademoiselle."

I was going to explain to her what those marriages were, but I felt something lightly on my shoulder. It was her head, made heavy by sleep. She remained without moving until the stars were erased by* the rising sun. I watched her sleeping, protected by that clear night which gave me nothing but beautiful thoughts.

Around us, the stars continued their silent, gentle march, like a great flock*; I imagined one of the stars, the finest and the most brilliant,* having lost her way, and lying on my shoulder to sleep.

---

**she-goat** 암염소  **stir** 휘젓다, 뒤섞다  **shooting star** 별똥별  **make the sign of the Cross** 성호를 긋다 (가톨릭에서, 가슴 앞에 손으로 십자가를 그리는 것)  **Saturn** 토성  **be erased by** ~로 지워지다  **flock** 떼, 무리  **brilliant** 밝은

# The Goat of M. Seguin
## -To M. Pierre Gringoire, Lyric* Poet in Paris

시인 그랭그와르가 파리에 있는 괜찮은 신문사에서
기자직을 청탁 받았지만 이를 거절했다는 소식을 듣고
그에게 보내는 편지 속에 담은 어느 염소에 대한 이야기이다.

You will always be the same, my poor Gringoire! You are offered to work as a reporter* with a good newspaper in Paris, and yet you recklessly* refuse it?... Look at yourself, poor boy! Look at your coat with holes in it, your tattered* pants, your thin, hungry face. That is the result of your love for poetry. That is all you have gained after ten years... You are not ashamed of* yourself?

Become a reporter, you fool! Then you will have money to eat at a good restaurant, and you will be able to see plays, and buy a new hat...

No? You do not want it? You remain stubborn*?

Oh, well, listen to the story of the goat of M. Seguin. You will see what one gets through* wishing to live in freedom.


M. Seguin was always unlucky with his goats. He always lost them. One morning they broke their rope, went up into the mountains, and were eaten by a wolf. They were independent* goats,

---

lyric 서정의, 서정시의   reporter 기자   recklessly 무모하게, 앞뒤를 가리지 않고
tattered (옷 등이) 해진   be ashamed of ~을 부끄러워하다   stubborn 완고
한, 고집 센   get through ~을 경험하다, 고생하다   independent 독립적인

longing for open air and liberty.*

The honest M. Seguin was sad. He said, "It's no good. The goats don't like my place. I'll never keep one."

However, after losing six goats, he bought the seventh; only this time he took care to* buy a very young goat, so that she might stay with* him longer.

Ah! Gringoire, how beautiful that little goat was, with gentle eyes and long, white hair. She was gentle and allowed herself to be milked without kicking over the pail.* She was really a lovely little goat...

M. Seguin tied his goat behind the house with a long rope, so that she might move freely, and from time to time* he came to see if she was all right.

The goat looked very happy, and M. Seguin was delighted.*

'At last,' the poor man thought, 'here is a goat that will never get tired of living with me!' M. Seguin was mistaken; his goat got tired of her pleasant life.

One day, she said, looking at the mountain, "How nice it must be to live up there! How pleasant it would be run without this rope that hurts my neck!"

From that moment, the goat grew bored with the house and her master. She became thin; she gave less milk.

M. Seguin saw that there was something wrong with his goat, but he did not know what it was...

One morning, as he finished milking her, the goat turned towards him and said, "Listen, M. Seguin. I am dying here. Let me go to the mountain."

"Ah, my God!... She too!" M. Seguin exclaimed,* and dropped his pail. Then

---

**liberty** 자유　**take care to** ~하도록 조심하다, 처리하다　**stay with** ~와 함께 지내다　**pail** 양동이　**from time to time** 때때로, 이따금　**delighted** 기쁜　**exclaim** 외치다, 고함을 지르다

he sat down by his goat and said, "What, Blanquette, you want to leave me!"

Blanquette answered, "Yes, M. Seguin."

"Isn't there enough grass here?"

"There is enough, sir."

"The rope may be too short. You want it longer?"

"No, I don't want it longer, M. Seguin."

"Then, what do you need? What is it that you want?"

"I want to go to the mountain, M. Seguin."

"But poor goat, you don't know that there is a wolf in the mountain... what will you do when he comes?"

"I will kill him with my horns, M. Seguin."

"The wolf will not be scared* by your horns. He has eaten goats stronger than you."

"But I don't care, M. Seguin. Let me go to the mountain."

"Good gracious!*" M. Seguin said. "But what is the matter with my goats? No! I'll save you, whatever you may say! I'll shut you up* in a stall.* You will always remain there."

M. Seguin moved the goat into a dark stall, and locked the door tightly. Unfortunately, however, he had forgotten the window. Hardly had he turned his back when* the goat ran away...

You smile, Gringoire? We'll see how long you can go on smiling.

When the white goat arrived in the mountain, she was delighted. Never had the old trees seen anything so pretty. She was treated like a queen.

The chestnut trees lowered* themselves to the ground to caress* her with their branches. The golden broom* opened its

---

scare 겁을 주다  Good gracious! 이런! 어머나!  shut up 가두다  stall 마구
간  hardly ... when ~ ~하자마자 …하다  lower 자세를 낮추다  caress 포옹
하다  broom (식물) 양골담초

flowers as she went by, and gave out* a sweet smell. All the mountain welcomed her.

You see,* Gringoire, how happy our goat was! No more rope, nothing prevented her from running around about... There was so much grass there as to cover her horns all over, my dear friend! ... And the grass! The leaves! The flowers!

The white goat ran around the mountain. There was nothing that she, Blanquette, feared.

Then she saw far below, the house of M. Seguin. She laughed until tears came into her eyes.

"How small it is!" she said. "How did I manage to* live in such a place?"

Poor goat! From such a height, she believed herself at least as big as the world...*

In short, it was a good day for the goat of M. Seguin. Suddenly, it was evening.

"What! Evening already!" the little goat said.

She stopped, astonished.*

Below, nothing of the house was visible* but the roof with a chimney* puffing out* a little smoke.

She listened to the bells of a flock on its way home, and felt very lonely.

Suddenly, there came a howl* in the mountain.

"Hou! Hou!"

She thought of the wolf. All day the foolish goat had not thought of it.

At the same moment a trumpet sounded far away in the valley. It was good M. Seguin was making his last effort to* save her.

"Hou! Hou!" the wolf howled.

"Come back! Come back!" M. Seguin's

---

**give out** (냄새 등을) 발산하다, 뿜어내다  **you see** 실은 …  **manage to** 가까스로 ~하다  **as big as the world** 한없이 큰  **astonished** 깜짝 놀란  **visible** 눈에 보이는  **chimney** 굴뚝  **puff out** (연기 등을) 뿜어내다  **howl** (짐승이 멀리서) 짖는 소리  **make one's last effort to** ~하기 위한 마지막 노력을 기울이다

trumpet cried out.

Blanquette had a desire to go back. But then she remembered the rope, and she thought she could not return to that life again and that she would rather* stay there.

The trumpet sounded no longer...

The goat heard a noise behind her. She turned around and saw the wolf.

Enormous,* the wolf looked at the goat and imagined the taste of her flesh.* Since he knew well that he would surely eat her, the wolf was not in a hurry.* When she turned around, he laughed cruelly.*

"Ha! Ha! The little goat of M. Seguin!"

He passed a big red tongue over his horrible lips.

Blanquette felt lost. Then, with her head lowered and her horns pushed forward, the little goat of M. Seguin attacked* the wolf.

Ah! The brave, little goat! How heroically she faced* her enemy! More than ten times, I am telling you the truth, Gringoire, she forced* the wolf back.*

Blanquette doubled* the blows* of her horns, and the wolf doubled the attacks by his teeth... A pale* light appeared on the horizon...*

Good-bye, Gringoire!

The story that you have heard is not my invention.* If you go to Provence, our farmers will often tell you this story. You understand me well, Gringoire.

The goat of M. Seguin, who had been fighting with the wolf all night, was eaten by the wolf in the morning.

---

would rather 차라리 ~하다   enormous 거대한, 엄청난   flesh 살, 몸   in a hurry 급하게   cruelly 잔인하게, 무정하게   attack 공격하다   face 마주하다, 직면 하다   force back 힘으로 밀어내다   double 두 배로 늘리다   blow 강타, 타격 pale 창백한; 어슴푸레한   horizon 지평선   invention 발명(품); 지어낸 것

# A Game of
# Billiards*

당구를 너무나도 좋아하는 프랑스 육군 원수가 있었다.
하늘이 두 쪽 나는 한이 있어도
하던 당구를 멈출 수는 없다는 게 이 육군 원수의 생각이었다.
이날도 그는 프로이센과의 교전을 앞두고 참모 장교와 당구 경기를 치르게 된다.
그러나 경기에 지나치게 몰입한 나머지
자신의 군사들이 전멸되는 지경에 이를 때까지 공격 지시를 내리지 않는다.

Even veterans* are exhausted* after
two days' fighting, especially if they have
spent the night in the rain. They had
been left to wait along the highway* in
rain-soaked* fields.

Tired, and with wet uniforms, they press

together for warmth and support.* Here and there, leaning upon a comrade's* knapsack,* men fall asleep while standing. In the mud and rain, without fire, without food, they rest while all around them, on every side, is the enemy.

Their cannon and machine guns* seem to be waiting. All is ready for an attack. Why is none made? What are they waiting for?

They await orders from headquarters,* but none come.

And yet it is only a short distance to headquarters, to that beautiful house whose red brick walls, which can be seen halfway up the hill.* It was truly a magnificent house, worthy of bearing the banner* of a Marshal of France.*

---

**billiards** 당구  **veteran** 노련한 사람, 고참(병)  **exhausted** 기진맥진한, 몹시 지친  **highway** 고속도로; 대로  **rain-soaked** 비에 흠뻑 젖은  **support** 지지; 기대기  **comrade** 동지, 동무  **knapsack** 배낭  **machine gun** 기관총  **headquarters** 본사, 본부  **halfway up the hill** 언덕 올라가는 길 중턱에  **banner** 현수막; 기(旗)  **Marshal of France** 프랑스 육군 원수

Although the original* owners of the house have departed,* nothing has been destroyed. It is indescribably* charming* to observe.* Such beautiful gardens, trees and birds—and yet so near the battle-field*! The scene is peaceful. Without the flag waving at the top of the roof, and the two guards at the gate, one would never believe that this was the military headquarters.

In a side room of this princely* house, loud voices and laughter are heard, along with the sounds of rolling billiard balls and clinking* glasses. The Marshal has just started his game, and that is why the army is waiting for their orders. Once the Marshal has begun, the heavens might fall, but nothing on earth will stop him from finishing* his game.

For if the mighty soldier has a single weakness, it is his fondness for* billiards. There he stands, as serious as though a battle has begun. He is in full uniform, covered with decorations.\* His aides-de-camp\* surround him, eager to express flattery\* and admiration\* for each of his shots. When the Marshal desires\* a drink, each one rushes to prepare his cup. How they rush to bow and smile. Inside this elegant\* room, the Marshal forgets about his soldiers outside in muddied uniforms, waiting in the cold rain.

The Marshal's adversary\* is a staff officer\*; he is excellent at billiards, and could beat\* all the marshals on earth. However, he understands his chief, and uses all his skill in pretending to play so that\* he shall neither win nor\* seem to lose too easily.

---

original 본래의, 원래의  depart 떠나다  indescribably 말로 표현할 수 없을 정도로  charming 멋진  observe 관찰하다; 보다  battlefield 전쟁터  princely (부지 따위가) 방대한; 기품 있는  clink 땡그랑 울리다  stop ~ from -ing ~가 …하는 것을 막다  fondness for ~에 대한 호감  decoration 장식; 훈장  aide-de-camp 참모  flattery 아부, 아첨  admiration 동경; 감탄  desire 원하다(=want)  elegant 우아한, 귀품 있는  adversary 고문관  staff officer 참모 장교  beat 물리치다, 이기다  so that ~하기 위해서(=in order that)  neither A nor B A도 B도 아닌

Clearly an officer with a future.*

Beware, Captain. The Marshal is five points ahead. If you can pretend to lose the game, your promotion* is guaranteed and you will be much better than those other soldiers standing outside in the rain. It would be a pity too to soil* that fine uniform.

The game is fascinating.* The balls roll, graze,* pass; they rebound.* Every moment the play grows more interesting. A flash of light is seen in the sky, and a cannon is heard. A heavy rumbling* sound shakes the windows. Everyone starts to look uneasy.* The Marshal alone remains unmoved.* He sees nothing, hears nothing. He is completely absorbed in* the game.

Again a flash*! Again the cannon! The aides-de-camp run to the window. Are the Prussians attacking?

"Let them!" says the Marshal, chalking*

his cue.* "Your turn, Captain."

But the noise of the machine guns and the blast* of the cannon increases. Official messages* start to pour in.* Messengers arrive galloping* on horses. Everywhere they are asking for the Marshal.

But the Marshal remains unapproachable.* Nothing in the world can stop him from finishing this game.

The captain is distracted.* He forgets where he is, and he makes two successive runs which almost win the game for him. The Marshal is furious.* At this very* moment a horse gallops into the courtyard* at full speed.* An aide-de-camp, covered with mud, rushes* past the guard and cries, "Marshal, Marshal!"

---

**with a future** 전도유망한 **promotion** 승진 **soil** 흙을 묻히다 **fascinating** 매력적인, 매혹적인 **graze** 미끄러져 가다 **rebound** (공 등이) 되튀다 **rumbling** 우르르 소리 **uneasy** 불편한 **unmoved** 요지부동의; 냉정한 **be absorbed in** ~에 몰두하다, 열중하다 **flash** 섬광 **chalk** ~에 초크를 칠하다 **cue** (당구의) 큐 **blast** 폭발, 폭파 **official message** (명령) 전령 **pour in** 쏟아져 들어오다 **gallop** 말을 타고 질주하다 **unapproachable** (사람이) 가까이 하기 어려운 **distracted** 주의가 산만해진 **furious** 노하여 펄펄 뛰는, 격노한 **very** 바로 그 **courtyard** 안마당, 안뜰 **at full speed** 전속력으로 **rush** 급행하다, 돌진하다

The Marshal, red with anger,* appears at the window, cue in hand.

"Who is there? What is it? Is there no guard there?"

"But, Marshal..."

"Oh yes, later. Let them wait for my orders—in God's name*!"

And the window closes with a bang.*

Let them wait for his orders. That is exactly what they are doing, those poor fellows. The wind drives* rain in their faces.

Battalions are slaughtered.* They are shot down, unable to understand why they remain inactive.* They wait for orders. These men die in the hundreds. Above, in the billiard room, the Marshal has regained* his advantage,* and the little captain is playing like a lion.

Seventeen! Eighteen! Nineteen! The Marshal marks his points. The sound of battle grows nearer and nearer.* The

Marshal has one more point to play. Already shells are falling just outside the house. And now the last shot.

And then deep silence. Only the sound of rain; only a rumbling noise at the foot of the hill, and along the muddy roads a sound like the tramping* of soldiers. The army is utterly* destroyed. The Marshal has won his game.

---

**red with anger** 화가 나서 얼굴이 빨갛게 상기된  **in God's name** (하늘에) 맹세코; (구어체에서) 도대체  **with a bang** (문 등을 닫을 때) 쾅 소리를 내고  **drive** (바람이 눈·비·구름 등을) 불어 보내다  **slaughter** 학살하다, 대량으로 죽이다  **inactive** 작전을 행하지 않고  **regain** 되찾다  **advantage** 이점; 우위  **grow 비교급 and 비교급** 점점 더 ~하게 되다  **tramp** 쾅쾅거리며 걷다, 육중하게 걷다  **utterly** 완전히

# A Woman of Arles

건장하고 수려한 외모에 섬세한 성격을 지닌 장이라는 청년은
아를르에 사는 한 아가씨를 축제에서 만나 사랑에 빠지고 만다.
결혼 이야기가 오가던 중 장의 집에 한 남자가 찾아온다.
그 남자는 아를르에 사는 아가씨가 자신의 정부라고 밝힌다.
이에 상심한 장은 심한 가슴앓이를 하다가
결국 지붕 위에서 뛰어내려 목숨을 끊는다.

His name was Jan. He was a fine lad*
of twenty, solid,* but gentle as a girl. As
he was handsome, he attracted* the
interest of many women, but he had no
one in mind but a young woman of Arles,
whom he had met on the promenade* of

Lice.

At first his family did not wish him to associate with* her. The girl was said to be a coquette,* and her parents were strangers to* the region.* But Jan loved her with all his heart.*

"I'd die without her," he said.

They had to agree to his wish. They decided to marry them after the harvest.*

One Sunday evening, the family had finished their dinner. A man came to the gate, and, in a trembling* voice, asked for Master Esteve. He wanted to speak to Esteve alone. Esteve stood up and went out on the road.

"Master," the man said, "you are going to marry your son to a hussy*! She had been my mistress* for two years. I can

---

lad 젊은이, 청년   solid 건장한, 튼튼한   attract 끌다; (인기나 관심 등을) 모으다
promenade (concert) 산책 음악회(연주 중에 청중들이 돌아다닐 수 있는 연주
회)   associate with ~와 교제하다   coquette (여자) 바람둥이   stranger to
~에 잘 알려져 있지 않은 사람   region 지역   with all one's heart 진심으로
harvest 추수   trembling 떨리는   hussy 말괄량이, 바람둥이 처녀   mistress
정부(情婦)

prove what I say. Here are her letters! Her parents know everything, and had promised her to me,* but since your son wanted her to marry him, both she and her parents have cold-shouldered* me. I believe that after what has happened, she can never become the wife of another man."

"I see!" Master Esteve said when he had seen the letters. "Come in and drink a glass."

The man answered, "I am too sad to drink."

And he went away.

That evening, Master Esteve told his son everything. The father, taking his son to his mother, said, "Comfort him! He is unhappy..."

Jan spoke no longer of the girl from Arles. However, he still loved her and more than ever since they told him that she was another man's. Only he was too proud to say anything, which hurt him deeply, poor boy!

Sometimes he passed his days all alone in a corner, without moving; at other times he worked in the fields with enormous energy and did single-handed* the work of ten workers.

In the evening he wandered* aimlessly* down the road to Arles. He walked on until he could see the steeple* of the town rising in the setting sun. Then he turned back.* He never went further.

Seeing him thus, always alone and sad, his family did not know what to do. They feared something terrible might happen...

Once, at the table, his mother tearfully* said to him. "Listen, Jan, if you want her

---

**promise A to B** A를 B에게 주겠다고 약속하다   **cold-shoulder** 찬밥 취급하다, 냉대하다   **single-handed** 혼자 힘으로   **wander** (정처 없이) 돌아다니다, 배회하다   **aimlessly** 정처(목적) 없이   **steeple** 첨탑   **turn back** 돌아가다   **tearfully** 눈물을 흘리며, 눈물이 어려

after all,* we'll manage somehow...*"

Jan made a sign of 'No,' and went out...

From that day he changed his way of living. He acted happy to make his parents feel better. He was seen at balls,* drinking in taverns,* and at festivals.

His father said, "He is all right."

But his mother was always fearful.


Then came the festival of Saint Eloi, patron* of farmers.

There was great joy at home... There was wine, fireworks* and such dancing!

Jan looked happy. He offered to* dance with his mother; the poor woman wept for joy.*

At midnight they went to bed— Everybody was very sleepy...Jan could not sleep. The younger brother said afterwards that all night he had heard him sobbing...

The next day, at dawn, the mother heard something.

Jan was already on the staircase.* His mother got up at once.*

"Jan, where are you?"

Jan went up to the roof she went up after him.

"My son, for heaven's sake*!"

He shut the door and locked it.

"Jan, my Jan, answer me. What are you going to do?"

A window opened, followed by the noise of a human body landing against the flagstones* of the yard below. Then all was silent.

The poor boy had said, "I love her too much... I'll die..."

Ah, miserable* is our heart. It is too

---

**after all** 결국  **somehow** 어떻게든  **ball** 무도회  **tavern** 선술집  **patron** 후원자, 보호자  **firework** (보통 복수로 사용되어) 불꽃놀이  **offer to** ~하자고 제안하다  **weep for joy** 좋아서 울다  **staircase** 계단, 층계  **at once** 즉시 (=immediately)  **for heaven's sake** 제발, 아무쪼록  **flagstone** (복수로 사용되어) 판석 포장 도로  **miserable** 비참한

bad that contempt* cannot kill love!

That morning the villagers wondered who could be crying so much at house of Esteve...

It was Jan's mother, wailing,* with her dead boy in her arms, covered with blood.

# The Death of the Dauphin*

어린 프랑스 황태자가 사경을 헤매고 있어 황실은 온통 울음바다이다.
황태자는 강력한 무기와 병사들도
자신의 죽음을 막아줄 수 없다는 사실에 실망한다.
또한 그는 돈을 주고 남에게 자기 대신 죽어달라고도 할 수 없고,
또 죽은 다음 하늘나라에 가서도 이승에서와 같이
특별 대접을 받지 못한다는 사실에 심히 불쾌해한다.

The little Dauphin is ill and dying.
In all the churches, people pray for
the recovery* of the royal* child. The
streets are sad and silent, the bells ring

---

**contempt** 경멸   **wail** 울부짖다, 통곡하다   **dauphin** (1349~1830년 왕조 시대의) 프랑스 황태자의 칭호   **recovery** 회복   **royal** 황실의

no more.

The entire* castle is nervous. Officials run up and down the marble* stairways.* The servants hurry and speak in low tones. The maids wipe their eyes with their handkerchiefs.* A large group of doctors has gathered. The governor* walks up and down before the door waiting to hear the news.

The King has locked himself up in* a room at the end of the castle. Majesties do not like to be seen weeping. The Queen sits by the bedside of the little Dauphin, bathed in tears,* and sobs very loudly in front of everybody.

On the bed, the pale, little Dauphin, lies with closed eyes. They think that he is asleep, but no, he turns towards his mother. Seeing her tears, he asks. "Why do you weep? Do you really believe that I am going to die?"

The Queen tries to answer. Sobs

prevent her from speaking.*

"Do not weep. You forget that I am the Dauphin, and that Dauphins cannot die."

The Queen sobs more violently,* and the little Dauphin begins to feel frightened.*

Says he, "I do not want Death to come and take me away, and I know how to prevent him from coming here. Order forty of the strongest guards to keep watch around our* bed! Have a hundred big cannons watch day and night under our windows! And woe to* Death if he dares to come near us*!"

The great cannons are immediately* positioned* in the courts, and forty tall

---

**entire** 전체의  **marble** 대리석  **stairway** 계단(=staircase)  **handkerchief** 손수건  **governor** 통치자, 국왕  **lock oneself up in** ~에 들어가 문을 걸어 잠그고 안 나오다  **be bathed in tears** 눈물에 젖다, 눈물범벅이 되다  **prevent ~ from -ing** ~가 …하는 것을 막다  **violently** 폭력적으로; 심하게  **frightened** 두려운, 무서운  **our** (왕이 본인을 가리킬 때) 짐의  **woe (be) to** ~에게 화가 있을 지어다  **us** (왕이 본인을 가리킬 때) 짐을  **immediately** 즉시, 바로  **position** (적당한 또는 특정한 장소에) 두다; (부대를) 배치하다

guards with swords stand in the room. They are all veterans,* with mustaches.* The little Dauphin claps his hands* upon seeing* them. He recognizes* one, and calls to him.

"Let me see your big sword. If Death wants to snatch* me, you will kill him, won't you?"

The soldier answers, "Yes, Sir."

And two great tears roll down* his cheeks.

At that moment the priest approaches the little Dauphin, and pointing to the crucifix,* talks to him in low tones. The little Dauphin listens with astonishment*; then, suddenly interrupting* him.

"I understand well what you are saying, but still, couldn't my little friend Beppo die in my place,* if I gave him plenty of money?"

The priest continues to talk to him in low tones, and the little Dauphin looks more and more astonished. When the priest has finished, the little Dauphin says in a heavy sigh.*

"What you have said is all very sad. But one thing consoles* me, and that is that up in Heaven, I shall still be the Dauphin. I know that the good God is my cousin, and cannot fail to* treat* me according to* my rank.*"

Then he turns towards his mother.

"Bring me my best clothes! I wish to enter Paradise in the dress of a Dauphin."

A third time the priest bends over* the little Dauphin, and talks to him in low tones. The royal child interrupts him angrily.

"Why, then," he cries, "to be Dauphin is nothing at all!"

---

**veteran** 참전용사  **mustache** 콧수염  **clap one's hands** 손뼉을 치다  **upon -ing** ~하자마자  **recognize** 알아보다  **snatch** 잡아뺏다, 잡아채다  **roll down** 굴러 떨어지다, 타고 내려오다  **crucifix** 십자가  **with astonishment** 깜짝 놀라서  **interrupt** 가로막다  **in one's place** ~를 대신해서  **sigh** 한숨  **console** 위로하다  **cannot fail to** ~하지 않을 수 없다  **treat** 대우하다, 대접하다  **according to** ~에 따라서  **rank** 지위  **bend over** ~ 위로 허리를 굽히다

And refusing* to listen to anything more, the little Dauphin turns towards the wall and weeps bitterly.*

STORY 10

# Old Cornille's Secret

증기를 이용한 제분소가 성행하면서
풍력을 이용한 구식 풍차 방앗간은 모두 헐물어 버리던 때.
코르니유 영감은 계속 자신이 운영하는 풍차 방앗간이 최고라고 고집한다.
그런데 이 영감에게는 비밀이 하나 있었으니,
아무도 일거리를 가져다주지 않는데도 계속 풍차를 돌린다는 것이었다.

Francet Mamai sometimes drank wine
with me. He told me the following story
the other evening, which took place*
some twenty years ago. This is how he

---

**refuse** 거부하다   **bitterly** 비통하게   **take place** 일어나다(＝happen) told it to me.

A long time ago the flour* trade was good and the farmers brought us their wheat to grind* from far away. You could see windmills* on the hills all around the village. Whichever way you looked, you could see sails* turning. There were long lines of little donkeys with sacks on their backs up and down the roads. All week long it was a joy to hear the sounds of the windmills.

Unfortunately, some Frenchmen from Paris had the idea of setting up* a steam-driven* flour mill, and people began to get into the habit of sending* their wheat to these fine new flour mills. Soon there was no work left for the poor millers. For a while they tried, but steam power was too strong for them.

Alas!* One after another they had to close their mills. The little donkeys were seen no more. The wind blew hard, but the sails didn't move.

One day, the old windmills were all torn down. All except* one windmill still which remained. It was the windmill of old Cornille.

Old Cornille was a miller who had worked for sixty years and was very proud of his achievement.* The new mills drove him mad. For a week he ran about* the village condemning* them.

He said, "They will poison* us with the flour from their steam-driven mills. Don't go near them. It's an invention* of the devil.* I use the good winds invented by God!"

And he often sang the praises* of the windmills, but no one listened to him.

---

**flour** 밀가루  **grind** 갈다, 빻다  **windmill** 풍차  **sail** 돛, (풍차의) 날개  **set up** 세우다  **steam-driven** 증기 동력으로 가는  **get into the habit of -ing** ~하는 버릇이 생기게 되다  **alas** 아아, 슬프도다  **except** ~을 제외하고는, ~ 외에는  **achievement** 성취; 업적  **run about** ~ 주위를 뛰어다니다  **condemn** 저주하다, 욕하다  **poison** 독살하다  **invention** 발명품  **devil** 악마  **praise** 찬양, 칭송

Then the old man shut himself up in* his windmill. He would not even let his granddaughter remain with him. She was a fifteen-year-old named Vivette. People thought it shameful* that a well-known man like old Cornille, who had always kept his self-respect,* should go about with bare feet on the streets like a wanderer.* His cap and coat had many holes in them.

There was one thing about old Cornille that puzzled* many people. For a long time nobody in the village had brought him any corn. And yet the sails of his windmill kept turning as in the old days. In the evening we sometimes met the old man. He was driving his donkey with a big sack on its back.

"Good evening, Cornille," the farmers would shout. "Is the mill still working?"

"It never stops," the old man would say cheerfully. "I don't lack* work thanks to God."

But it was quite impossible to look into his mill. Even his granddaughter Vivette could not get in there.

Whenever you passed by his mill, you would see the door closed, the big sails always moving.

There seemed to be something myste-rious* about all this. Everyone had his own theory about old Cornille's secret. However, everything was discovered in the end.* This is how it all came out.*

One fine day, my eldest boy and little Vivette fell in love with each other. I did not get very angry because the name of Cornille was greatly respected* in the village.

I decided to settle the matter at once,

---

**shut oneself up in** ~에 문을 잠그고 들어가 나오지 않다   **shameful** 수치스러운
**self-respect** 자존심   **wanderer** 방랑자   **puzzle** 궁금하게 만들다   **lack** 부족
하다   **mysterious** 신비한, 불가사의한   **in the end** 결국   **come out** 밝혀지다
**respected** 존경받는, 명망 높은

and went up the hill to speak with her grandfather. But he wouldn't even open his door. He shouted rudely,* "Go back! If you want to get your son married, you should go and find one of the girls from the flour mills."

Imagine how angry I was at his words. Leaving the old fool's mill, I went back home and told my children. They couldn't believe it. They went up to the mill to speak to him themselves.

When they got to the mill, nobody was there. The door was locked, but the old man had left his ladder outside. They decided to get in* through the window and see what was inside his mill.

How mysterious! The grinding room* was empty. There was not one sack, not one grain of corn and not a bit of flour. In one corner three or four sacks had burst* open and broken plaster* lay* scattered* on the floor.

That was old Cornille's secret! It was
these pieces of plaster and bricks* from
pulled-down* windmills that he had been
carrying up and down* the road every
evening—to save the honor of* the mill
and make the villagers believe it was still
grinding wheat and producing* flour.
Poor old Cornille and his mill! The sails
had kept turning,* but the millstones*
had nothing to grind.

The two young people came back in
tears and told me what they had seen.
I had a feeling of deep sorrow* as* I
listened to them. I ran to my neighbors
and told them the facts. At once we
agreed to go to Cornille's mill with all the
wheat we could gather.

The whole village went to Cornille's

---

**rudely** 무례하게; 거칠게   **get in** 안으로 들어가다   **grinding room** 제분실
**burst** 부풀어 터지다(burst-burst-burst)   **plaster** 회반죽, 석고가루   **lie** 있다, 놓
여 있다(lie-lay-lain)   **scattered** 흩어져 있는   **brick** 벽돌   **pulled-down** 허물
어 버린   **carry up and down** 위아래로 옮기다   **save the honor of** ~의 체면
을 지키다   **produce** 생산하다   **keep -ing** 계속해서 ~을 하다   **millstone** 맷돌
**sorrow** 슬픔   **as** ~하면서

mill with a line of donkeys with real corn.

When we arrived, Old Cornille was weeping as he was sitting on a bag of plaster with his head in his hands.*

"Woe is me!*" he was saying. "Now there's nothing to do but die. I have brought shame on* my mill."

And he wept as if his heart were breaking.*

It was then that the donkeys arrived at the mill on the hill. We all began to shout loudly as we used to in the good old days. "Hello, Master Cornille!"

And now the sacks were piled up* in front of the door, and golden brown corn was overflowing* on the ground.

Old Cornille stared* with his eyes wide open.*

He picked up some of the corn and said over and over again,* half-laughing and half-weeping,* "It's corn! Thank

Heaven! Real corn!"

Then he turned to us and said, "Oh! I believed that you would come back to me! Those mills with their steam engines—they are all a lot of thieves!"

We wanted to give him a ride on our shoulders* and take him to the village.

"No, no, my friends. First I must go and give my mill something to eat. It hasn't been able to eat anything for a long time."

And it brought tears to our eyes to see the poor old man going around,* opening the sacks and keeping an eye on* the millstone crushing the corn.

---

weep with one's head in one's hands 손으로 머리를 감싸쥐고 울다  Woe is me! 아 슬프도다!  bring shame on ~를 수치스럽게 만들다, ~를 망신시키다 one's heart breaks 마음이 미어지다  pile up 쌓다  overflow 넘쳐흐르다 stare 빤히 쳐다보다, 응시하다  with one's eyes wide open 눈을 크게 뜨고 over and over again 계속 반복해서  half-laughing and half-weeping 반은 울고 반은 웃는 얼굴로  give ~ a ride on one's shoulders 무동을 태우다 go around 여기저기 왔다갔다하다  keep an eye on ~을 주시하다

# The Old Couple

편지를 통해 자기 대신 자신의 조부모님을 뵙고 와달라는
친구의 부탁을 받은 나.
처음에는 내키지 않았지만 어쩔 수없이 친구의 부탁을 들어준다.
그러나 결국은 손자를 너무나 아끼고,
손자의 친구인 자신까지 극진하게 대접하는 노부부에게 감동을 받게 된다.

"A letter, Azan?"

"Yes, monsieur... It's from Paris, mon-
sieur."

Old Azan was quite proud of it com-
ing from Paris... I wasn't. Something told
me this letter was going to ruin* my

whole day.

"My dear friend, you must do me a favor.* You will lock up your windmill for a day* and go straight to Eyguieres— the large village. It's not far to walk. When you get there, you will find Convent* Orphanage.* The first house after the Orphanage is a small grey one with a little garden behind it. You will go in without knocking. The door is always open. Call out very loudly, 'Good mor- ning! I am Maurice's friend...' Then you will see two old people—oh, they are so very old now—and they will stretch out their arms to you, and you will embrace* them for me with all your heart.* Then they will talk about nothing but* me. They will say ten thousand silly things... You will not laugh, will you? They are my

---

ruin 망치다 do ~ a favor ~의 부탁을 들어주다 lock up ~ for a day 하루 동 안 ~ 문을 닫다 convent 수녀원, 수도원 orphanage 고아원 embrace 포옹 하다 with all one's heart 진심으로 nothing but ~만(=only) beloved* grandparents, the two people who have not seen me for ten years... Ten years is a long time! But what can I do? Paris keeps me from going to them; their great age keeps them from coming to me... Fortunately, you are there, my dear miller. By embracing you they will think they are embracing me a little... I have written to them often about us and about our good friendship..."

To the devil with* friendship! His letter appalled* me. Well, what would you have done? I grumbled,* locked the mill, and set off.*

I got to Eyguieres about two o'clock. The village was deserted*; everybody was in the fields. There was nobody to direct* me to the Orphanage. By great good luck, an old witch* suddenly appeared seated at her doorstep.

I told her what I was looking for. Since

she was a very powerful old witch, she had only to lift her broom and there was the Orphanage standing before me as if by magic.* Next to this building, I saw a small grey house and a little garden behind it... I recognized it and went in without knocking.

Inside, I could hear the tick-tock* of a large clock, and a child's voice slowly reading aloud, as they do at school. She stopped at each word*:

"THEN... SAINT... IRANEUS... CRIED... OUT*... I... AM... THE... WHEAT... OF... THE... LORD*... IT... IS... NECESSARY... THAT... I... BE... GROUND*... BY... THE... TEETH... OF... THESE... ANIMALS..."

I approached* the door softly* and

---

**beloved** 사랑하는   **to the devil with** ~은 집어치워라, ~을 내가 알 게 뭐냐   **appall** 질겁하게 하다, 질리게 하다   **grumble** 투덜대다   **set off** 출발하다, 떠나다   **deserted** 사람이 안 사는, 사람이 없는   **direct** 길을 안내해주다   **witch** 마녀   **by magic** 마법으로   **tick-tock** (큰 시계의) 똑딱똑딱하는 소리   **stop at each word** 단어마다 말을 멈추다   **cry out** 소리치다   **lord** 영주, 왕   **grind** 갈다, 부수다 (grind-ground-ground)   **approach** 다가서다   **softly** 살포시

looked in...

In the small room a kind-looking old man, rosy-cheeked* and wrinkled, was sleeping in a deep armchair.* At his feet a little girl dressed in blue hood and cape* —the uniform of the Orphanage—was reading a large book about the life of Saint Ireneus...

This tale* of miracles had performed a miracle upon* the whole house. All slept: the old man in his armchair, the flies on the ceiling,* the canaries* in their cage over there by the window. The big clock went, tick-tock, tick-tock. Nothing remained awake in the entire room. Amidst* this general* slumber,* the child went on with* her reading:

"STRAIGHT... AWAY... TWO... LIONS... FELL... UPON*... HIM... AND... DEVOURED*... HIM..."

It was at this point that I entered... The results were dramatic*! The lions of

Saint Ireneus themselves could not have caused more astonishment than* I. The little girl shrieked* and dropped the big book, the Canaries and flies awoke,* the clock struck,* and the old man jumped up shaking with fright.* I myself, a little uneasy,* stopped and called out, very loudly, "Good day, good people! I am Maurice's friend."

Oh, if you only could have seen the poor old man then! He came to me with open arms, embraced* me, shook my hands, exclaiming,* "Oh, good gracious* me! Oh, good gracious me!"

His face was laughing. He kept saying,

---

rosy-cheeked 불그스레한 뺨의  armchair 안락의자  cape 망토  tale 이야기  perform a miracle upon ~에 기적을 행사하다  ceiling 천장  canary 카나리아  amidst ~가 한창일 때  general 모두 하는  slumber 잠  go on with ~을 계속하다  fall upon ~를 덮치다(fall-fell-fallen)  devour 게걸스럽게 먹다, 폭식하다  dramatic 극적인  cannot have cause more astonishment than ~보다 더 놀라게 만들 수는 없었을 것이다  shriek 비명을 지르다  awake 잠에서 깨다(awake-awoke-awaken)  strike (시계나 종 등이) 시간을 알리다  with fright 두려워서, 놀라서  uneasy 불편한  embrace 포옹하다  exclaim 소리치다, 외치다  good gracious 어머나! 이런!

"Oh, monsieur!... Oh, monsieur!..."

Then he went to the back of the room and called, "Mamette!"

A door opened. It was Mamette: a dear little old woman in a bonnet* and a gown.* It touched* me greatly to see how much they resembled* each other!

To see those two old people watched over by* these orphan* children was more moving* than anything I could ever have imagined. As she came in, the old man said, "This is Maurice's friend..."

She trembled* and wept.

"Quick, quick, a chair..." said the old woman to her little girl.

"Open the shutters*..." cried the old man.

And, taking me each by a hand, they led me to the now wide-open window in order to get a better look at me. Then they sat me down between them on a stool, the little girl in blue behind us, and the questioning* began: "How is Maurice? What is he doing? Why doesn't he come? Is he happy?"

And so on* and so on like that, for hours.

I did my best to* answer all their questions, giving what details* I knew about my friend. I shamelessly* invented* answers to those questions I did not know, such as whether his windows shut tight, or what was the color of his wallpaper.

"His wallpaper!... It's blue, madam. Light blue with a flower design."

"Really?" exclaimed the old lady with great emotion. Turning to her husband, she said, "He's such a good boy!"

"Indeed he is! A fine lad!" the old man

---

**bonnet** 여성용 모자   **gown** 여성용 긴 외투   **touch** 감동을 주다   **resemble** ~를 닮다   **be watched over by** ~의 보살핌을 받다   **orphan** 고아   **moving** 애처로운, 감동시키는   **tremble** 몸을 떨다   **shutter** 덧문, 겉창   **questioning** 심문, 질의   **and so on** 등등   **do one's best to** ~하기 위해 최선을 다하다   **detail** 세부사항, 자세한 내용   **shamelessly** 뻔뻔하게   **invent** 발명하다, 지어내다

replied enthusiastically.*

And all the time I was speaking, they kept nodding* their heads at each other, giving little laughs, and winking in a knowing* way at each other. But, sometimes, the old man would lean* towards me and say, "Speak louder!... She doesn't hear too well!"

Then, she, in her turn, "A little louder, I beg you!... His hearing is not too good."

So I would raise my voice,* and both of them would thank me with a smile. And they would lean forward as if seeking within my eyes some image of their Maurice.

It was then that I found myself most deeply moved.* In those tired smiles of theirs, I saw the image of my friend, as though he were smiling at me himself from far away through a deep mist.*

Suddenly the old man sat up in his chair.

"Mamette, I've just thought... perhaps he has not had any lunch!"

And Mamette said, "Not any lunch! Oh, gracious me!*"

I thought they were still going on about Maurice, but it was me that they were talking about.

And you should have seen the fuss* when I admitted* that I had not eaten.

"Quick, little blue child, lay the table!"

And they were quick! They'd only time to bring out three plates and lunch was served!

"Now it's a good little lunch!" said Mamette as she led me to the table. "But you'll have to eat alone. We had ours this morning."

These old people! Whatever time you call on* them, they've always had a meal

---

enthusiastically 열정적으로  nod 고개를 끄덕이다  in a knowing way 다 안다는 듯이  lean 기대다  raise one's voice 목소리를 높이다  moved 감동 받은  mist 안개  Gracious me! 어머나!, 세상에!  fuss 소동, 소란  admit 인정하다, 시인하다  call on ~를 방문하다

that morning!

Mamette's good little lunch consisted of milk, some dates,* and, a sort of sweetbread enough to feed her and her canaries for at least a week... And I managed it all by myself*! Then indignation* there must have been around that table! How the little ones must have whispered and nudged* each other! How the canaries over in their cage must have said, "Oh, just look! That gentleman is eating all our food!"

I did indeed* eat it all, almost without realizing it.

I was so absorbed in* looking around that bright room, so peaceful, so reminiscent of* times long past... In particular, I could not take my eyes away from two little beds. I kept picturing* those little beds—almost cradles*—each morning at dawn, both still hidden behind their long, fringed* curtains.

'Are you asleep, Mamette?'

'No, my dear.'

'Maurice is a good boy, isn't he?'

'He is indeed! A fine lad!'

And I imagined a whole conversation like that, just from seeing those two old people's little beds, side by side.

Meanwhile, a terrible drama* was taking place* at the other end of the room. It concerned* how exactly to reach,* high up on the top shelf,* a jar* of cherries in brandy which had been waiting for Maurice for ten years. Now, they wished to open for me.

In spite of Mamette's pleas, the old man insisted on getting* the cherries himself. He climbed on a chair, and was

---

**date** 대추야자 (열매)  **by oneself** 혼자서(=alone)  **indignation** 분노, 분개  **nudge** (주의를 끌기 위해 살짝 옆구리를) 찌르다  **indeed** 진짜로, 실제로  **be absorbed in** ~에 열중하다  **reminiscent of** ~를 회상하게 하는, ~을 떠올리게 하는  **picture** 머릿속에 그리다  **cradle** 요람  **fringed** 가두리 장식이 달린  **drama** 드라마; 야단법석  **take place** 일어나다  **concern** ~에 대한 것이다, ~에 관계하다  **reach** 도달하다  **shelf** 선반  **jar** 항아리  **insist on -ing** ~하겠다고 고집하다

trying to reach them to the horrified*
dismay* of this wife... You can imagine
the scene: the old man reaching up
unsteadily,* the little blue one grasping*
the chair tightly, Mamette behind him
holding her breath,* her arms out-
stretched*... I watched them entranced.*

At last, after great efforts, they succeed-
ed in getting that famous jar down from
the cupboard, and with it an old silver
mug that Maurice had used when a
child.

They filled it for me to the brim* with
cherries; Maurice so much liked cherries!
And while he was serving me, the old
man kept whispering in my ear. "You are
very lucky, you know! To be able to eat
them! My wife bottled* them! They're
good, you see!'

Alas, his wife had bottled them but
she's forgotten to sweeten* them. But old
people become absent-minded;* it was

what one should have expected. Your cherries were terrible, my poor friend... but that did not stop me eating every single one of them without hesitation.*

The meal over, I got up to say goodbye to my hosts. They wanted me to stay a little longer to talk about their dear boy, but the day was ending and the mill was far away; I had to go.

The old man rose* with me.

"Mamette, my coat!... I'm going to take him as far as* the square.* "

I'm quite certain Mamette really thought it was already too chilly* for him to go as far as the square, but she also did not hesitate. I heard her say softly to him, "You won't be back too late, will you?"

And he said, "Ho, ho! How should I

---

**horrified** 겁에 질린  **dismay** 당황; 두려움  **unsteadily** 불안정하게  **grasp** 붙잡다, 움켜쥐다  **hold one's breath** 숨을 참다  **outstretched** 펼친, 뻗친  **entrance** 넋을 잃게 하다  **to the brim** 가득, 넘치도록  **bottle** 병조림으로 만들다  **sweeten** 설탕을 감미하다  **absent-minded** 멍하고 얼빠져 있는  **without hesitation** 망설임 없이  **rise** 일어서다(rise-rose-risen)  **as far as** ~까지  **square** 광장  **chilly** 추운, 서늘한

know?... Perhaps!..."

They looked at each other and laughed. Between you and me,* I think the smell of the cherries had gone a little to their heads.

As grandfather and I went out, night was falling. His little blue child followed us at a distance,* to take him back again but he did not see her, and it obviously* gave him great pride to walk with his arm in mine, like a man. Mamette, her face all smiles, watched this from her doorstep,* and, as she followed us with her eyes, she kept nodding her little head in delight* as if to say, 'There, you see! He can still walk, that poor man of mine!'

---

**between you and me** 우리끼리 하는 말이지만   **at a distance** 멀리서
**obviously** 분명히, 명백히   **doorstep** 문가   **in delight** 기뻐서

# 전문 번역

# 어린 스파이

**p.12** 그의 이름은 스텐, 꼬마 스텐이었다.

파리에서 사는 꼬마였던 그는 종종 아팠고, 얼굴이 창백했다. 어머니는 돌아가셨고, 아버지는 광장을 지키는 일을 했다. 모든 사람들이 아버지 스텐을 알았고, 또 그를 동경했다. 사람들은 그가 거친 군인 같은 외모를 가지고 있지만, 잘 웃고 친절하며 선한 사람이라는 것을 알고 있었다. **p.13** 그 미소를 보려면 "아들은 어떻게 지내나?"라는 인사만 건네면 됐다.

아버지 스텐은 자신의 아들을 너무도 사랑했던 것이다!

불행하게도, 프로이센이 파리에 포위 공격을 가하면서 모든 게 달라졌다. 아버지 스텐이 관리하던 광장이 폐쇄됐고, 불쌍한 그 남자는 전쟁 기간 동안 내내 이곳을 지켜야만 했다. 꼬마 스텐에게 이 기간은 너무나도 즐거운 시간이었다. 학교에 안 가도 되고! 수업도 안 들어도 된다! 늘 방학 같았고 거리는 시장통 같았으니까.

아이들은 여기저기 돌아다니며 밤까지 밖에서 지냈다. 도박 노름은 가장 재미있는 구경거리였다. 돈이 너무 많이 들어서 스텐은 노름을 하지는 않았다. 그냥 사람들이 하는 모습을 지켜보는 것만으로도 즐거웠다.

**p.14** 꼬마 스텐에게는 특히 파란 셔츠를 입고 5프랑씩 거는 키가 큰 아이가 멋있어 보였다. 늘 이 아이의 주머니에서는 짤랑대는 돈 소리가 들렸다.

어느 날, 키가 큰 이 아이가 꼬마 스텐에게 말을 걸었다.

"이 돈 보이니? 네가 원한다면, 내가 어디서 돈을 구할 수 있는지 말해 줄게."

그는 다른 편인 적군 프로이센 군인들에게 신문을 팔자고 제안했다. 처음에, 꼬마 스텐은 몹시 화가 나서 싫다고 했다. 그래서 실제로 사흘간은 도박하는 곳에도 가지 않았다. 하지만 유혹이 너무나 컸다. 나흘 째 되던 날 꼬마는 도박하는 곳에 갔고, 결국은 키가 큰 아이의 꼬임에 넘어가고 말았다.

이들은 눈이 내리는 어느 아침에 어깨에 가방을 둘러메고 셔츠 아래에는 신문을 숨긴 채 길을 나섰다. 키가 큰 아이가 스텐의 손을 잡았다.

키가 큰 아이는 프랑스 경비병들을 피하기 위해 밭을 가로질러 갔다. **p.15** 그러나 경비 초소에서 순찰을 돌던 프랑스 저격병들과 마주쳤는데

이들은 아이들을 통과시켜 주지 않았다. 꼬마 스텐의 아버지를 닮은 어떤
나이 든 하사관이 경비 초소에서 나오더니 아이들에게 안으로 들어와 몸을
녹이라고 권했다.

꼬마 스텐은 부끄러워서 몸이 떨렸다. 초소 안에 들어서자 불가에 몸을
웅크리고 모여 앉아 있는 군인들 몇 명이 보였다. 한 장교가 안으로 들어오
더니 그 하사관에게 무언가 귓속말을 했다.

"제군들," 하사관이 기쁜 얼굴로 말했다. "오늘 대단한 일이 있을 걸세.
이번에 부르제 마을을 재탈환할 수 있을 거야."

**p.16** 환호성이 울렸다. 프랑스 저격병들은 춤을 추고 노래를 불렀고,
신나서 총검을 흔들어댔다. 아이들은 이런 축제 분위기를 이용해 경비 초소
를 빠져나갔다.

"돌아가자, 더 가지 말자." 꼬마 스텐은 계속 이야기했다.

하지만 키가 큰 아이는 어깨를 으쓱해 보이며 가던 길을 계속 갔다. 그
아이가 앞장 서 적군인 프로이센군 병사들이 지내는 막사까지 갔다.

프로이센군 막사에서는, 적군들이 술을 마시고, 식사를 하고, 노래를 부
르며 카드놀이를 하고 있었다. 키가 큰 아이가 들어서자, 군인들이 환호를
하며 반겼다. 가지고 있던 신문을 보여주자, 군인들은 아이들에게 이야기를
해보라고 부추겼다. 장교들은 하나 같이 태도가 거만했지만, 키가 큰 아이
는 재치 있는 입담과 거리에서 쓰는 거친 말투를 동원해 이들의 비위를 맞
췄다. 장교들은 키가 큰 아이를 보고 웃었다.

**p.17** 키가 큰 아이는 프랑스 국경수비대를 놀림감으로 만들었다. 그리
고는 목소리를 낮추더니 프로이센군 장교들에게 프랑스 저격병들이 비밀
공격 계획을 세우고 있다고 경고했다.

꼬마 스텐은 화가 나서 벌떡 일어났다.

"안 돼! 이건 잘못된 일이라고!"

그러나 키가 큰 아이는 그냥 웃기만 했다. 장교들은 아이들에게 나가라
고 하더니 자기들끼리 이야기를 하기 시작했다. 독일어로 말이다.

키가 큰 아이는 짤랑짤랑 돈 소리를 내며 기고만장해서 밖으로 나갔다.
스텐은 수치심에 머리를 아래로 푹 숙인 채 키가 큰 아이를 따라 밖으로 나

갔다. 눈에는 눈물이 고였다.

**p.18** 일단 밭에 도착한 아이들은 재빨리 시내로 돌아갔다. 그러다 야간 공격을 준비하고 있던 프랑스 저격병들을 지나치게 됐다. 아이들이 지나가자, 나이 든 하사관이 이들을 알아보고 미소를 건넸다.

아, 그 미소에 꼬마 스텐의 가슴이 얼마나 미어졌는지 모른다! 잠시 동안 스텐은 크게 소리치고 싶은 충동을 느꼈다. "거기 가지 마세요. 우리가 당신들을 배신했다고요!"

하지만 키가 큰 아이가 "만약 네가 말을 하면, 우린 총살당하게 될 거야."라고 말해 두었기 때문에 스텐은 두려웠다.

두 아이는 돈을 나누어 가졌고, 그러자 꼬마 스텐의 기분이 조금은 나아졌다. 그러나 혼자 남게 되자, 스텐은 자신이 반역자이자 스파이가 된 것만 같은 느낌이 들었다! 집에 도착한 스텐은 재빨리 돈을 베개 밑에 숨겼다.

그날 밤 꼬마 스텐이 집에 도착했을 때 아버지 스텐은 기분이 좋았다. 공격 계획이 잡혀 있는 지방에서 소식이 전해져서 상황이 더 나아진 것처럼 보였던 것이다.

**p.19** 8시가 넘어서자, 대포 소리가 들렸다.

"부르제 마을에서 전투를 하는 거란다." 마음씨 좋은 아버지가 말했다.

꼬마 스텐의 얼굴이 하얗게 질렸다. 스텐은 잠자리에 들었지만, 잠이 오질 않았다. 대포 소리가 아직까지 진동을 하고 있었다. 스텐은 어둠 속에 도착한 저격병들이 매복을 하고 있던 프로이센군들과 맞닥뜨리는 모습을 상상했다. 그는 자신에게 미소를 건넸던 프랑스 하사관을 떠올리고는 그가 눈위에 죽어 쓰러져 있는 모습을 상상했다. 이 모든 피의 대가가 자신이 베고 있는 베개 아래 감춰져 있었다. 그렇게 한 것이 바로 스텐 씨의 아들인 꼬마 스텐이었다. 눈물에 목이 메어왔다. 불쌍한 아이는 울기 시작했다.

"무슨 일이니?" 아버지 스텐이 방 안으로 들어서면서 물었다.

**p.20** 아이는 더 이상 견딜 수가 없었다. 침대 밖으로 뛰쳐나와 아버지 발치에 엎드렸다. 은화들이 바닥에 나뒹굴어졌다.

"이게 다 뭐냐? 너 도둑질을 하고 다닌 거니?" 아버지가 물었다.

꼬마 스텐은 아버지께 적군 프로이센군의 막사에 갔다 왔다는 것과 거기서 자신이 한 일을 말했다.

아버지 스텐은 사색이 된 얼굴로 이야기를 들었다. 아들이 이야기를 마치자, 아버지는 손으로 얼굴을 가리고 흐느꼈다.

"아버지, 아버지?" 아이는 말했다.

아버지는 대답도 하지 않은 채 아이를 밀쳐내고는 돈을 주웠다.

"이게 전부니?" 아버지가 물었다.

꼬마 스텐이 고개를 끄덕였다. 아버지는 자신의 구식 소총과 탄약통을 꺼내고, 주머니에 돈을 넣으면서 말했다.

"알았다. 이 돈을 돌려주러 갔다 오마."

**p.21** 그리고는 아무 말도 없이, 심지어 고개 한 번 돌리지 않고 밖으로 나가서는 어둠 속에서 후퇴하고 있는 프랑스 군에 합류했다. 그 후로 아무도 아버지의 모습을 다시 볼 수 없었다.

# 베를린 포위 공격

**p.22** 우리는 전쟁으로 폐허가 된 상제리제 거리를 V 박사님과 함께 걸어가고 있었다. 박사님께 파리 포위 공격에 대한 이야기를 여쭤보았다. 박사님께서는 걸음을 멈추고 개선문 근처 모퉁이에 있는 큰 저택들 중 하나를 손으로 가리키시더니 다음과 같은 이야기를 내게 들려주셨다.

"저 아파트 발코니 보이니? 그 끔찍했던 작년 8월 초에, 나는 저 집에 살던 주브 대령이라는 나이 든 군인을 치료하러 와달라는 왕진 요청을 받았단다. **p.23** 그 분은 우리 군대가 금의환향하는 것을 보려고 개선문 근처에서 살기로 했다는구나. 불쌍한 양반! 그 양반은 프랑스가 바이센부르크에서 첫 패전을 했다는 소식을 듣고 쓰러졌단다.

그 분은 60세 정도 된 멋지고 고상한 노인이셨어. 내가 도착했을 때는 사경을 헤매고 계셔서 몸이 힘없이 쭉 뻗어 있었단다. 그 분 옆에는 손녀가 있었는데, 무릎을 꿇고 있던 아이의 눈에는 눈물이 고여 있었어.

나는 슬퍼하는 아이의 모습을 보고 가슴이 뭉클해졌단다. 그래서 아이를 최대한 위로하기는 했지만, 사실은 희망이 거의 없었단다. 몸 한쪽이 완전히 마비된 상태를 치료해야 하는 상황이었는데 이런 상태에서 회복하는 사람은 거의 없거든. **p.24** 사흘간 환자는 전혀 차도를 보이지 않고 계속 마비 상태로 누워 지냈지. 그러다가 전쟁에서 이긴 우리 군이 파리에 도착했다는 소식이 전해졌어. 기적과도 같은 일이었지. 그리고 그 소식에 노인이 병을 털고 일어나신 거야. 그 분이 누워 계시던 침대로 다가가서 보니까, 완전히 딴 분이 계신 것 같더라고. 눈이 거의 정상으로 돌아와 있었고, 말씀도 하실 수 있었지. 심지어 나를 향해 미소를 지을 힘을 보이셨고, 더듬거리는 말투로 두 번이나 '승-리!' 라고 말씀하셨지.

내가 우리 쪽의 승전 소식에 대해 자세하게 말씀을 드리자 안도하시면서 안색이 밝아지는 모습을 볼 수 있었단다.

하지만 내가 방을 나설 때, 손녀가 문가에 서서 초조한 듯 나를 기다리고 있더구나. 아이는 흐느껴 울고 있었어.

'할아버지가 살아나셨잖니!' 나는 아이의 손을 잡으며 말했단다.

이 가엾은 아이는 대답조차 제대로 하지 못했어. 정확한 보도가 나온 거였어. 사실 프랑스군은 후퇴 중이었고, 전군이 전멸했다는 거였어. **p.25** 우리는 걱정스러운 눈빛으로 서로를 바라보았단다. 아이는 자기 할아버지를 생각하며 절망스러워 했어. 나 역시 그 노인 분을 생각하니까 몸이 떨려오더라고. 그 분이 이 새로운 소식이 가져다 줄 충격을 이겨내지 못할 게 분명했거든. 우리가 어떻게 해야 했을까? 그냥 그분을 다시 살아나게 해준 환상 속에서 살면서 기뻐하시도록 내버려둬야 했을까? 그렇지만 그렇게 하려면 거짓말을 해야 했지.

'좋아요, 거짓말을 하겠어요!' 용감한 여자 아이는 재빨리 눈물을 닦아내며 말했단다. 그리고는 즐거운 표정을 지으며 할아버지 방으로 들어갔어.

쉽지 않은 일이었단다. 처음 며칠은 거짓말을 하는 게 어렵지 않았지. 대령께서는 정신이 온전하지 않으셨기 때문에, 어린 아이처럼 쉽게 속아 넘어가셨어. 하지만 건강을 되찾으시면서 정신도 점점 온전해지셨지. **p.26** 우리는 대령님께 군의 움직임을 계속 알려드려야 했고, 가짜 군사 지도도 그려야만 했단다. 정말이지, 그 사랑스러운 아이가 낮이고 밤이고 독일 지도에 기대서 작은 깃발들을 핀으로 꽂고, 승리로 이어지는 전투를 구상하느라 고생하는 것을 보기란 정말 딱한 노릇이었단다. 이 모든 것들을 하기 위해 아이는 내게 조언을 구했고, 나는 내가 할 수 있는 힘껏 아이를 도왔단다.

'박사님, 우리가 마인츠를 함락시켰대요.' 아이는 애끓는 미소로 나를 맞으러 나오며 이렇게 이야기하곤 했단다. 또 가끔은 기쁜 목소리로 나에게 방문 너머 외치는 소리도 들을 수 있었지. '우리가 독일로 진군하고 있대요! 일주일이면 독일에 도착할 거래요!'

당시 프로이센군은 1주일만 행군하면 파리에 도착할 수 있는 데까지 쳐들어와 있었단다. 사실 처음에 우리는 대령님을 지방으로 모시고 가는 게 낫지 않을까 생각했지만, 몸이 너무 쇠약해서 진실을 알릴 수가 없었단다. 그래서 우리는 그냥 남아있기로 결정을 했지.

**p.27** 파리에 대한 포위 공격이 시작되던 첫날, 대령님의 아파트를 찾은 나는 그 분이 의기양양하고 기쁨에 넘치는 모습으로 침대에 앉아 계신 걸 볼 수 있었단다.

대령께서는 '음, 그렇다면 공격이 시작된 거로군!'

나는 너무 놀라 어안이 벙벙한 채로 대령님을 쳐다봤단다.

'뭐라고요, 대령님! 그럼 알고 계신 거였나요?'

손녀가 내 쪽을 쳐다보면서 '왜요? 그렇죠, 박사님, 대단한 소식이잖아요. 베를린 포위 공격이 시작됐잖아요.' 라고 말하는 거야.

이렇게 말하면서, 아이는 모든 것이 정상인 듯 행동하더구나! 그러니 대령님께서 어떻게 의심을 하실 수 있었겠어? 대령님 귀에는 요새에서 일어나는 총격전 소리도 들리지 않았으니까. 또 모든 게 혼란에 빠져 지켜보기에도 끔찍하기만 한 불운한 파리의 모습도 보실 수 없었으니 말이야.


**p.28** 이따금씩, 대령님이 너무 지루해 하시면 우리는 대령님 아들이 보내온 편지를 읽어드리곤 했단다. 물론, 상상으로 지어낸 편지였지. 파리 안으로는 아무것도 들어올 수 없는 상황이었으니까. 이 불쌍한 아이가 느꼈을 절망감을 아마 너도 상상할 수 있을 게다. 아버지에게서 소식은 들을 수 없지만, 포로로 잡혀서 모든 것이 부족하기만 하리라는 것, 또 어쩌면 아플지도 모른다는 것을 알고 있으니 말이야. 아이는 눈물을 꾹 참아내며 즐거운 척 편지를 읽곤 했단다. 대령께서는 편지 내용을 듣고 미소를 짓곤 하셨지. 가끔은 아들에게 답장을 보내기도 하셨어. '네가 프랑스인이라는 사실을 절대 잊지 말도록 하거라' 라는 말을 편지에 쓰곤 하셨어. '그 불쌍한 사람들을 관대하게 대해 주렴. 그 쪽 사람들이 우리의 침공을 무자비하게 느끼지 않도록 하려무나.'

대령께서는 아주 확고한 어조로 이 말을 불러주셨어. 대령님의 말을 듣고 있으면 고귀하고, 애국적인 신념이 절로 우러나와, 감동을 받지 않을 수 없었단다.

그러는 동안 포위 공격은 계속 되고 있었지. 물론 베를린을 포위 공격하는 건 아니었단다! 그러나 우리의 보살핌과 노력 덕에, 대령께서는 한 순간도 흔들림 없이 마음의 평안을 찾으실 수 있었어. `p.29` 나는 대령님께 드릴 흰 빵과 신선한 고기를 마지막까지 구할 수 있었단다.

하지만 그날 이후, 대령님이 완치되는 날이 다가오기 시작하면서, 우리가 거짓말을 하는 것이 점점 더 어려워졌단다. 파리 외곽에서 두세 차례 요란한 대포 소리가 들려와서 대령께서 화들짝 놀라셨어. 우리는 어쩔 수 없이 그 포성이 베를린이 거의 점령 돼서 참전자 기념박물관에서 축포를 울리는 것인 양 행동했단다.

어느 날 저녁, 내가 도착하자 손녀 아이가 아주 근심스러운 얼굴로 나를 맞더구나.

'독일군이 내일 시내로 진군할 거예요.' 라고 아이가 말했단다.

`p.30` 할아버지 방문이 열려 있었던 걸까? 사실, 그날 밤 대령님의 표정이 좀 이상했던 것이 기억 나는구나. 아마 대령께서 우리 이야기를 들으셨을 수도 있어. 하지만 우리는 프로이센군에 대해 이야기하고 있었고, 대령께서는 프랑스군을 생각하고 계셨지. 그러니까 본인이 그토록 학수고대하셨던 프랑스군의 개선을 생각하고 계셨던 거야.

불쌍한 주브 대령! 대령께서는 너무 흥분하는 것이 몸에 해롭기 때문에 우리가 개선 행진을 관람하지 못하게 한다고 생각하고 계셨던 거야. 다음 날, 프로이센군들이 파리 시내로 이어지는 긴 노정에 올랐을 때, 대령께서는 군모를 쓰고, 장검을 드시고, 옛날에 입으셨던 군복에 달려있던 훈장들을 전부 꺼내 다시고는 발코니에 모습을 나타내셨어.

잠시 동안, 대령께서는 자신이 착각하고 있는 것이 아닌가 하는 생각을 하셨을 게야.

하지만, 아니었어! 저기, 개선문 뒤로 혼란스러운 소음들과 함께 검은 행렬이 떠오르는 태양빛 아래 점점 가까워지고 있는 모습이 보였지. `p.31`

그러더니, 조금씩 조금씩, 프로이센군들이 슈베르트의 개선행진곡에 맞춰 들어오고 있는 거였어!

고요하기만 했던 광장에서 고함소리가 울려 퍼진 건 바로 그때였단다. 그것도 아주 지독한 고함소리가 말이야. '전투 준비! 전투 준비! 프로이센군 이다!' 그러자 앞에 서 있던 4명의 병사들이 발코니 위를 쳐다보았는데, 이들은 키가 큰 남자가 손을 휘저으며 비틀거리더니 아래로 떨어지는 모습을 목격하게 됐단다. 그때 주브 대령께서 정말로 돌아가시게 된 거야."

# 나쁜 주아브병

**p.32** 그날 저녁 쌍뜨마리오맹에 사는 체구가 큰 대장장이인 로리는 기분이 좋지 않았다.

대장간 불이 사그라들고 해가 지면, 무덥기만 했던 하루 일과를 마치고 휴식을 취하는 것이 그의 일상이었다. 하지만 그날 저녁 이 선량한 대장장이는 심기가 불편했고, 화까지 나 있었다. **p.33** 나이 든 그의 아내가 그를 보고 이렇게 생각했다. '무슨 일이지? 전쟁에 나간 아들 녀석에 대한 안 좋은 소식이라도 전해들은 건가?'

그렇지만 아내는 남편에게 물어볼 엄두가 나지 않아서, 바삐 저녁을 준비하였다.

마침내 대장장이가 화가 나서 먹고 있던 접시를 밀치며 소리쳤다. "아, 야만스러운 것들! 짐승 같은 것들!"

"여보, 누구 얘기를 하는 거예요?" 아내가 물었다.

대장장이는 소리쳤다. "오늘 아침에 마을에서 프랑스군 군복을 입고 그 야만인들과 팔짱을 끼고 가는 모습이 목격됐다는 대여섯 명의 매국노들 말이야. 그 자식들이 프로이센 시민권을 선택했다는 거야."

아내는 그 사람들 역성을 들었다.

**p.34** "가엾은 사람 같으니, 그럼 당신 뭘 기대해요? 그 애들의 잘못이라고만도 할 수 없잖아요. 그 먼 아프리카 알제리로 보내졌잖아요! 그 먼 데서 향수병이 생겨서, 더 이상 병사로 일하지 않아도 되고, 집으로 돌아갈 수 있다는 유혹이 아주 강할 테지요."

로리는 주먹으로 탁자를 내리쳤다.

"조용히 하라고, 이 여편네야! 여자들은 아무것도 모른다고. 내 말해주지. 그 녀석들은 가장 몹쓸 불한당이라고. 만약 우리 아들 크리스티앙이 저런 식으로 탈영을 하면 내 검으로 목숨을 끊어 줄 거라고!"

그는 앉아있던 의자에서 일어서서는, 프랑스 보병 사단의 주바브 군복을 입고 아프리카에서 찍은 아들 사진 아래 걸려있던 자신의 검을 손으로 가리켰다.

하지만 아들의 정직한 얼굴을 보는 것만으로도 대장장이의 흥분을 가라앉히기에는 충분했다. 그는 웃기 시작했다.

"터무니없는 얘기지! 우리 크리스티앙이 프로이센군이 되고, 탈영한다는 것은 꿈도 꿀 수 없는 일이지. 전쟁에서 그렇게나 많은 적을 죽인 우리 크리스티앙이 그럴 리가 없다고!"

**p.35** 마음이 놓인, 선량한 대장장이는 다시 즐겁게 식사를 했고, 나중에는 시내에서 몇 잔 마시고 오겠다며 집을 나섰다.

아내는 혼자 집에 있었다. 아내는 한숨을 쉬며 생각했다. '물론, 그 녀석들이 불한당인 건 사실이지. 하지만 또 그러면 어때? 그 녀석들 엄마들은 아들 얼굴을 다시 볼 수 있어 기쁠 텐데.'

갑자기, 작은 뒷문이 열렸다.

"어머니, 안녕하셨어요!"

거기에는 아들 크리스티앙이 군복을 입고 서있었다. 그는 불안하고, 면목 없어 하는 모습이었다. 이 불쌍한 아이는 아버지가 나가기만을 기다리고 있었던 것이다. 아내는 아들을 야단하고 싶었지만, 너무 오랜만에 보는 거라 아들을 안아주었다.

**p.36** 아들은 어머니께 자신이 돌아오게 된 사정을 말씀 드렸다. 고향도 그리웠고, 대장간도 그리웠다는 것이다. 아들은 이 모든 것들로부터 그렇게 멀리 떨어진 곳에서 사는 게 지겨웠다고 했다. 또 군기가 너무 강한 것도, 동료 병사들이 억양 때문에 자신을 '프로이센 놈'이라고 부르는 것도 견딜 수 없었다고 말했다. 어머니는 아들이 하는 모든 말을 믿었다. 모자는 아주 깊은 대화를 나눴다.

하지만 누군가 마당으로 들어서고 있었다. 대장장이가 집으로 돌아온 것이었다.

"크리스티앙, 네 아버지가 오시는구나. 어서, 내가 아버지께 전부 설명 드릴 때까지 숨어있도록 해라."

어머니는 아들을 커다란 난로 뒤로 밀어 넣었다. 그러나 주아브 군모가 식탁 위에 놓여 있었다. 이것이 집안으로 들어서는 로리의 눈에 제일 처음 들어오는 것이었다.

"크리스티앙이 여기 있군!" 로리는 아주 무섭게 소리쳤다. 걸려 있던 검을 내리더니, 자신의 아들인 주아브병이 몸을 웅크리고 숨어있는 난로로 향했다. 로리의 얼굴은 창백하게 질려 있었고, 술도 완전히 깬 상태였다.

p.37 아내가 두 사람 사이를 가로 막으며 섰다.

"여보! 로리! 애를 죽이지 마세요! 제가 대장간에서 필요하다고 편지를 써서 돌아온 것 뿐이에요!"

아내는 울면서 남편의 팔을 붙잡고 뒤로 끌었다.

대장장이는 발걸음을 멈추고 아내를 쳐다봤다.

그는 "그렇다면 애를 돌아오게 만든 게 당신이라는 말이군! 알았어. 아이가 잠자리에 들 시간이군. 어떻게 할 지는 내일 정하도록 하지."

다음날 아침 로리는 아들의 방 안으로 들어갔다. 그는 심각한 얼굴을 하고 있었고, 여행을 떠날 차림을 하고 있었다. 부츠와 모자를 쓰고, 무거운 산악용 지팡이를 들고 있었다. 그는 침대로 곧장 다가갔다.

"어서, 일어나거라!"

p.38 아직 잠에서 덜 깬 아들이 주아브군 군장을 몸에 걸치기 시작했다.

"아니, 그게 아니지!" 아버지가 엄한 소리로 꾸짖었다.

어머니가 걱정돼서 "하지만, 여보, 이것 말고는 애가 입을 옷이 없는데요."라고 말했다.

"내 옷을 주구려. 난 어차피 다시는 필요 없을 테니까."

아들이 옷을 입는 동안, 로리는 군복을 조심스럽게 쌌다. 같이 입는 작은 조끼와 커다란 빨간색 바지와 함께.

"이제 가자꾸나." 그는 말했다. 그리고는 세 사람은 말없이 대장간으로 향했다.

대장간 불이 이글대고 있었고 모두가 일을 하고 있었다. 크리스티앙은 그곳에서 오랫동안 놀았던 어린 시절을 떠올렸다. 그는 아버지한테 용서를 받고 싶은 마음이 간절했다.

마침내 대장장이가 입을 열었다.

"아들아." 그는 말했다. "저기 연장들과 함께 모루가 세워져 있지. 이제 저게 다 네 것이란다. 그리고 이것도 다 네 것이고." 그는 뒤에 있는 작은 정원을 손으로 가리켰다.

**p.39** "집도, 여기 있는 모든 것들도 다 네 것이란다. 너는 이것들 때문에 너의 명예를 희생시킨 게다. 이제는 네가 이 모든 것들을 돌봐야 한다. 이제는 네가 여기 주인이야. 나는 떠날 게다. 네가 프랑스에 5년을 빚졌으니, 내가 가서 갚아야지."

"여보, 여보!" 가엾은 늙은 아내가 소리쳤다. "어디를 가시려는 거예요?"

"아버지!" 아들이 사정했다.

그러나 대장장이는 이미 길을 나섰다. 그는 큰 보폭으로 걸어갔고, 뒤를 돌아다보지 않았다.

며칠 후 알제리 시디벨아베스에 있는 제 3 주아브 군기지에 자신의 나이를 55세라고 밝힌 사람이 자원 입대를 했다고 한다.

# 마지막 수업

*-알사스 소년의 이야기*

**p.40** 그날 아침 나는 학교에 지각했었다. 나는 담임선생님이신 하멜 선생님께 꾸중을 들을까 봐 무척 걱정하고 있었다. 선생님께서 오늘 우리 반이 불어 문법 시험을 보게 될 거라고 말씀하셨지만, 나는 이 과목에 대해서 아는 게 전혀 없었기 때문이다.

**p.41** 나는 학교를 향해 전속력으로 질주해 하멜 선생님의 작은 학교 교정에 도착하게 됐다. 이 시간쯤이면 보통 아주 시끄럽기 마련인데, 오늘은 쥐죽은 듯 조용했다.

나는 얼굴이 빨갛게 상기돼서 교실 문을 열었다. 놀랍게도 하멜 선생님께서는 나를 보고도 화를 내시지 않는 듯 했다. 선생님께서는 부드러운 말씨로 말씀하셨다. "어서 자리로 가렴, 꼬마 프란츠야. 우리는 너 없이 수업을 시작하려고 하고 있었단다."

나는 바로 내 책상으로 가서 앉았다. 그리고는 처음으로, 우리 선생님께서 가지고 계신 옷들 중에서 가장 좋은 외투를 입고 계시다는 것을 알게 됐다.

오늘 우리 반은 이상하게 조용하고 심각해 보였다.

하멜 선생님은 교단에 서서 우리를 보고 말씀하셨다. "얘들아, 오늘이 내가 너희들을 가르치는 마지막 날이 될 것 같구나. 베를린에서 앞으로는 학교에서 독일어로만 가르치라는 지시가 내려왔단다. **p.42** 내일 새로운 선생님이 오실 거야. 오늘이 마지막 불어 수업이란다."

마지막 불어 수업!

나는 내 책들을 내려다보았다. 방금 전까지만 해도 그렇게 지루하고 귀찮게만 느껴졌던 책들이 이제는 절대 떨어져서는 살 수 없을 것만 같은 오랜 친구들처럼 보였다.

40년간 성실하게 교직에 종사해왔는데, 이제 우리 조국이 프로이센의 치하에 들어가게 된 것이었다.

갑자기 내 이름이 호명되는 것이 들렸다. 내가 문법 규칙들에 대해 말할 차례였던 것이다. 오, 내가 실수하지 않고 분명하게 규칙들을 말할 수 있기를 얼마나 바랐는지 모른다!

그러나 나는 첫 단어에서부터 말을 더듬었다. 나는 수치심을 느끼며 서 있었고, 고개를 들 엄두도 내지 못했다. 하멜 선생님께서 내게 하시는 말씀이 들렸다. "꼬마 프란츠야, 오늘은 너를 꾸짖지 않겠다. 넌 이미 벌을 받았으니까. 그리고 이게 네 잘못만도 아니니까. **p.43** 우리는 모두 '어, 아직 시간은 충분해. 내일 공부하면 되지.' 라고 생각하지. 그런데 봐라, 지금 무슨 일이 일어났는지. 프로이센 사람들이 우리더러 '뭐! 지금 네가 프랑스 사람이라고 말하지만 너희는 너네 나라 말을 해서도, 써서도 안 돼!' 라고 할지도 모른단다."

그러더니 하멜 선생님께서는 우리에게 불어에 대한 이야기를 들려주셨다. 선생님께서는 불어가 세상에서 가장 아름다운 언어라고 말씀하셨다. 또 자기네 나라 말을 잃지 않는 민족은 결코 정복될 수 없기 때문에 우리가 우리말을 사랑해야 한다고도 말씀하셨다.

불쌍한 선생님. 선생님께서는 떠나시기 전에 자신이 아는 모든 것들을 우리에게 줄 수 있었으면 하셨다.

모든 학생들이 열심히 공부했다. 학교 지붕 위에서는 비둘기들이 조용히 구구 소리를 내고 있었다. 이 소리를 듣고 있던 나는 속으로 생각했다. '그럼 새들도 앞으로는 독일어로 울어야 하는 건가?'

**p.44** 갑자기 교회 종이 12시를 알렸다. 그와 동시에 프로이센군들이 훈련을 마치고 돌아가는 소리가 우리 귀에 들렸다. 하멜 선생님은 자리에서 일어나셨다. 얼굴이 백지장처럼 하얘진 선생님께서 그렇게 크게 보인 것은 그때가 처음이었던 것 같다.

"얘들아." 선생님께서는 말씀하셨다. "얘들아, 나는…"

그러나 선생님은 목이 메어 더 이상 말을 잇지 못하셨다. 선생님께서는 칠판을 향해 돌아서시더니 분필로 크게 글씨를 쓰셨다. "프랑스여, 영원하라!"

그런 다음 선생님께서는 벽에 머리를 대고 서 계셨다. 그리고는 아무 말 없이 손으로 우리에게 다음과 같은 신호를 보내셨다. "수업은 이것으로 끝이다. 돌아가도 좋아."

# 별

### – 프로방스 지방 목동의 이야기

**p.45** 내가 뤼베롱에서 목동 일을 하던 시절, 나는 목장에서 혼자 지냈기 때문에 몇 주간 친구들도 만날 수 없었다. 이곳 시골 사람들은 마을과 도시에서 어떤 일이 일어나는지 전혀 모르는 소박하고 조용한 사람들이었다.

**p.46** 그래서 농장에서 우리가 먹을 음식들을 싣고 오는 노새 종소리를 들으면 나는 그렇게 행복할 수가 없었다. 배달을 오는 사내아이는 내게 세례식이나 결혼식 같은 소식들을 들려주었다. 하지만 내가 가장 관심을 가졌던 것은 우리 주인님의 따님으로 이 근방에서 가장 아름다운 아가씨인 스테파네트 아씨에 대한 것이었다.

나는 관심 없는 척 하면서 아씨한테 새로운 구혼자가 나타났는지 물었다. 어떤 사람들은 나같이 산에서 지내는 가난한 목동이 왜 그런 일들에 관심을 갖는 거냐고 의아해 할 수도 있다. 그러면 나는 스테파네트 아씨가 내 평생 봐온 그 무엇보다도 아름다운 사람이라고 말한다.

어느 일요일엔가 나는 음식이 오기를 기다리고 있었는데 그날은 무척 늦어졌다. 마침내 배달이 도착했을 때, 노새를 끌고 온 것은 보통 때 오는 사내아이가 아니었다. 그건… 누군지 한번 맞춰봐라! 바로 우리 아씨가 직접 오신 거였다!

**p.47** 배달을 하는 사내아이가 아프다고 했다. 아름다운 스테파네트 아씨가 노새에서 내려오시면서 이 얘기를 내게 해주셨다. 또 오다가 길을 잃어서 이렇게 늦어지셨다고도 했다. 리본과 화려한 드레스 등 일요일에 교회 갈 때 입는 옷을 차려 입으신 아씨는 숲에서 길을 잃었던 것이 아니라 춤을 추러 다녀오신 것처럼 보였다. 이 얼마나 사랑스러운 분인가! 아씨는 아무리 봐도 질리지 않았다. 사실 이렇게 아씨를 가까이서 뵙기는 이번이 처음이었다.

스테파네트 아씨는 내게 먹을 것들을 건네시면서, 신기한 듯 주변을 둘러보셨다. 아씨는 내가 일하고 자는 곳을 보고 싶어 하셨다. 아씨에게는 모든 것들이 신기하기만 했다.

"그럼, 너는 여기 사는 게로구나, 가엾은 목동아? 이렇게 늘 혼자 있으려면 심심해 죽을 지경이겠구나! **p.48** 너는 무슨 생각을 하니?"

"스테파네트 아씨 생각이요."라고 얼마나 말하고 싶었는지 모른다. 하지만 나는 너무 당황해서 한 마디 말도 내뱉을 수가 없었다. 장난기 넘치는 아씨는 당황해하는 내 모습을 보고 좋아하셨다. 아씨는 내게 작별인사를 하고는 빈 바구니를 가지고 돌아가셨다.

저녁이 다가올 무렵, 누군가 나를 부르는 소리가 들렸고, 보니까 아씨가 올라오고 계셨다. 더 이상 웃는 얼굴을 하고 계시지도 않았고 물에 흠뻑 젖어서, 추위와 두려움에 몸을 떨고 계셨다.

아씨는 산기슭에 도달해서 비 때문에 강물이 불어난 것을 발견하셨다고 한다. 강을 건너려고 하다가 거의 익사할 뻔했다고 하셨다. 이제 아씨가 농장으로 돌아가시기에는 너무 늦은 시간이 돼버렸다. 밤에 산을 넘을 생각에 아씨는 무척 불안해하셨다. 특히 아씨의 가족들이 아씨를 걱정할 게 분명했기 때문이다. 나는 최선을 다해 아씨를 안심시키려고 했다.

**p.49** 물에 젖은 아씨의 발과 옷을 말려 드리기 위해 나는 당장 큰불을 지폈다. 그리고는 아씨께 우유와 치즈를 가져다드렸지만, 불쌍한 아씨는 울기 시작하셨다. 그러는 동안 밤이 와버렸다. 나는 아씨께 헛간 안에서 쉬시라고 말씀드렸다.

새 짚 위에 예쁜 새 염소 가죽을 깔아드리고 나서 나는 아씨께 안녕히 주무시라고 인사를 드리고 밖으로 나와 문 앞에 앉았다.

하느님이 내 증인이셨다. 내 피 속에서 활활 타오르는 사랑의 불길에도 불구하고, 내 안에서는 우리 주님의 따님에 대한 어떤 악한 생각도 일지 않았다. 아씨는 주무시고 계셨고, 나는 아씨를 안전하게 지켜드릴 거라고 자신만만해 하고 있었다.

그러다 갑자기 헛간 문이 열리더니, 아름다운 스테파네트 아씨가 나오셨다. 아씨는 잠을 청하실 수 없었던 것이었다. 아씨는 불가 근처로 오고 싶어 하셨다. **p.50** 나는 암염소 가죽을 아씨 어깨에 둘러드리고는 불을 뒤적였다. 우리는 그렇게 서로 아무 말도 하지 않은 채 서로의 곁에 가까이 앉아 있었다.

그때 아름다운 별똥별이 우리 머리 위로 지나갔다.

"저게 뭐지?" 스테파네트 아씨가 낮은 목소리로 내게 물으셨다.

"천국으로 들어가는 영혼이에요, 아씨." 나는 이렇게 대답하고는 성호를 그었다.

아씨도 성호를 긋더니 잠시 동안 생각에 잠겨서 하늘을 바라보고 계셨다. 시선을 계속 하늘에 둔 채 아씨가 말씀하셨다. "별들이 아주 많구나! 너무 아름다워! 이렇게 많은 별을 보는 건 처음인 것 같아… 저 별들의 이름이 뭔지 아니, 목동아?"

"아, 알아요, 아씨…" 나는 대답했다. "저기 있는 저 별은 우리가 아름다운 마글론이라고 부르는 별인데 토성 뒤를 따라다니다가 토성이랑 7년에 한 번씩 결혼을 하죠."

**p.51** "뭐! 별들끼리 결혼을 한다는 말이니, 목동아?"

"아, 그렇답니다. 아씨."

그 결혼이라는 것이 어떤 것인지 설명을 드리려고 하는데 내 어깨에 무언가가 살포시 닿는 느낌이 들었다. 아씨의 머리였는데, 잠이 드셔서 무겁게

느껴졌다. 아씨는 떠오르는 태양 빛에 별들이 다 사라질 때까지 그렇게 가만히 움직이지 않고 계셨다. 나는 나에게 아름다운 생각만 하도록 만드는 청명한 밤의 기운 아래 보호를 받으며 주무시고 계신 아씨의 모습을 지켜봤다.

우리 주위에서는 별들이 마치 큰 염소떼처럼 조용히, 천천히 자신들의 행진을 계속하고 있었다. 나는 저 별들 중에서, 가장 아름답고 빛나는 별 하나가 길을 잃고 내 어깨에 기대어 잠을 자고 있다는 상상을 했다.

## 스갱 씨의 염소

*– 파리에 사는 서정 시인 피에르 그랭그와르 씨에게 바치는 이야기*

**p.52** 당신은 언제나 그 모양일 것 같소, 내 가엾은 그랭그와르여! 파리에 있는 좋은 신문사로부터 기자로 일해 달라는 부탁을 받았지만, 당신은 이를 무모하게 거절했다지요? 당신 자신을 보시오, 이 가엾은 양반아! 구멍이 난 당신의 외투와 해진 바지, 또 앙상하게 마른, 굶주린 자신의 얼굴을 좀 보시오. **p.53** 이게 다 당신이 시를 사랑해서 생긴 결과요. 이게 당신이 10년이라는 세월을 보내고 얻은 전부요… 당신은 당신 자신이 부끄럽지도 않소?

기자가 되구려, 이 어리석은 사람아! 그러면 좋은 식당에서 식사를 할 수 있는 돈이 생길 거고, 연극도 볼 수 있을 것이며, 또 새 모자 같은 것들도 살 수 있을 거요.

싫다고? 당신은 이런 것들을 원치 않는다고? 그대로 고집만 피우며 살겠다고?

오, 좋소. 그럼 스갱의 염소라는 이야기를 한번 들어보시오. 이 이야기를 통해 당신은 자유롭게 살기 원하는 사람이 어떤 일을 겪어야 하는 지에 대해 알게 될 거요.

스갱 씨는 기르는 염소들에 대해 늘 운이 없는 편이었다네. 늘 염소를 잃어버렸던 거지. 하루는 염소들이 밧줄을 끊고는 산으로 올라가버려서 전부 늑대한테 잡아먹혔다네. 이 염소들은 모두 탁 트인 곳과 자유를 원하는 독립심 강한 염소들이었어.

**p.54** 정직한 스갱 씨는 슬펐지. 그는 말했어. "아무 소용 없어. 염소들

이 우리 집을 싫어한다고. 앞으로는 염소를 키우지 않겠어."

하지만 6마리의 염소를 잃고 나서도, 그는 7번째 염소를 산 거야. 다만 이번에는 오래 곁에 두기 위해서 아주 어린 염소를 사는 정도의 조치를 취했지.

아! 그랭그와르, 고운 눈에 길고 하얀 털이 난 이 작은 염소는 정말이지 예뻤다네. 성격도 온순해서 젖을 짜도 양동이를 차내지 않고 가만히 있었어. 정말이지 아주 사랑스러운 작은 염소였지.

스갱 씨는 이 염소가 자유롭게 돌아다닐 수 있도록 집 뒤에다가 긴 밧줄로 묶어 놓았다네. 그리고는 이따금씩 와서 염소가 잘 있는지 확인했고.

염소가 무척 행복해보였기 때문에 스갱 씨도 기분이 좋았지.

'마침내,' 스갱 씨는 생각했지. '절대로 나랑 같이 사는 것에 싫증을 느끼지 않을 염소가 생겼구나!' `p.55` 그러나 이것은 스갱 씨의 착각이었네. 이 염소도 이런 행복한 삶에 싫증을 느끼게 된 거야.

어느 날, 염소가 산을 바라보면서 말했다네. "저기 산 위에서 살면 정말 좋을 거야! 이렇게 목을 조이는 밧줄 없이 뛰어다닐 수 있다면 얼마나 좋을까!"

그때부터 염소는 자신이 사는 집과 주인에 대해서 싫증을 느끼기 시작했다네. 점점 야위어가더니 젖도 말라갔지.

스갱 씨는 염소에게 뭔가 문제가 있다는 것을 알게 됐지만 그게 무엇인지는 알 수가 없었다네.

어느 날 아침, 스갱 씨가 젖을 다 짜고 나자, 염소가 돌아보면서 이렇게 말하더라는군. "있잖아요, 주인님. 저 여기 있으면 죽을 거 같아요. 저를 산으로 보내주세요."

"이런, 세상에! 너도!" 스갱 씨는 소리쳤고, 들고 있던 양동이를 떨어뜨렸다네. 그리고는 염소 옆에 앉아서 이렇게 말했지. `p.56` "뭐라고, 블랑켓, 너도 나를 떠나겠다는 거니!"

블랑켓이 대답했지. "네, 주인님."

"여기도 풀은 충분히 있잖니?"

"네, 충분히 있죠, 주인님."

"밧줄이 너무 짧아서 그러는 게냐. 더 길게 해줄까?"

"아니요, 더 길게 해주시지 않아도 돼요, 주인님."

"그럼, 뭐가 부족해서 그러니? 네가 원하는 게 뭐니?"

"저는 산으로 가고 싶어요, 주인님."

"하지만 이 가엾은 염소야, 너는 저 산에 늑대가 있다는 걸 모르잖니… 늑대가 나오면 그때는 어떻게 하려고 그러니?"

"제 뿔로 녀석을 해치우면 되죠, 주인님."

"늑대가 네 뿔에 겁을 먹을 리가 없단다. 그 녀석은 너보다 힘이 센 염소들도 잡아먹었단다."

"하지만 저는 신경 안 써요, 주인님. 그냥 저를 산으로 보내주세요."

**p.57** "오, 이런!" 스갱 씨는 말했지. "도대체 왜 내가 키우는 염소들은 다 이러는 거지? 안 돼! 나는 너를 살릴 거야, 네가 뭐라고 하든 간에 말이다! 너를 마구간에 가둬야겠구나. 너는 앞으로 계속 거기서 지내야 해."

스갱 씨는 염소를 어두운 마구간으로 옮기고는 문을 꼭 잠갔다네. 그러나 안타깝게도 스갱 씨가 창문을 깜빡한 거야. 스갱 씨는 염소가 달아나자마자 뒤를 돌아다보았다네.

자네 지금 웃고 있지, 그랭그와르? 하지만 그 웃음이 얼마나 계속 될지는 두고 볼일이라네.

흰 염소가 산에 도착했을 때, 염소는 기뻐했다네. 늙은 나무들까지도 그렇게 예뻐 보일 수가 없었지. 그곳에서 염소는 여왕 같은 대접을 받았거든.

밤나무들이 가지로 염소를 안아주려고 땅 아래로 몸을 숙였지. 염소가 지나가자 황금빛 양골담초가 꽃을 활짝 피워서 달콤한 냄새를 뿜어냈고. **p.58** 산 전체가 염소를 반겼다네.

그랭그와르, 그러니 염소가 얼마나 행복했겠는가! 더 이상 밧줄에 매여 살지 않아도 되고, 염소가 여기저기 뛰어다니지 못하도록 막는 것이 아무것도 없었으니 말이야… 풀도 얼마나 무성하게 자라나 있는지 염소의 뿔을 다 덮을 정도였다네, 친구!… 그리고 풀이며! 나뭇잎이며! 꽃들이며!

흰 염소는 산 여기저기를 뛰어다녔다네. 이곳에는 염소 블랑켓이 두려워 할 것이 아무것도 없었다네.

그러던 염소는 저 아래 있는 스갱 씨의 집을 보게 됐지. 그걸 보고 염소는 어찌나 웃었는지 눈물이 날 정도였다네.

"진짜 작잖아!" 염소가 말했네. "저런 데서 내가 어떻게 살 수 있었을까?"

가엾은 염소! 그렇게 높은 곳에 올라 있으니까 자신이 한없이 크게만 느껴졌던 게지…

한마디로, 스갱 씨의 염소에게는 이 날이 더 없이 좋은 날이었던 거야. 그러다 갑자기 날이 저물었다네.

**p.59** "뭐야! 벌써 저녁이야!" 작은 염소가 말했어.

깜짝 놀란 염소는 발걸음을 멈췄다네.

아래 있는 스갱 씨의 집도 작은 연기를 뿜어내는 굴뚝이 달린 지붕을 제외하고는 아무것도 보이지 않게 됐다네.

염소는 집으로 돌아가는 염소 떼들의 방울 소리를 듣고 있었지. 그러자 몹시 외로워졌어.

갑자기 산에서 짐승의 울부짖는 소리가 들려왔어.

"우! 우!"

염소는 늑대 울음소리라고 생각했어. 이 어리석은 염소는 하루 종일 이런 생각은 못하고 지냈던 걸세.

동시에, 저 멀리 계곡에서 트럼펫 소리가 울려왔지. 염소를 살리기 위해 마지막 노력을 기울이고 있었던 사람 좋은 스갱 씨였던 거지.

"우! 우!" 늑대가 짖었다.

"돌아오렴! 돌아와!" 스갱 씨의 트럼펫이 소리를 냈어.

**p.60** 블랑켓은 돌아가고 싶었지만, 그 때 바로 밧줄 생각이 났고, 돌아가서 다시 그런 삶을 사느니 차라리 여기 남는 편이 낫겠다고 생각했다네.

더 이상 트럼펫 소리는 들리지 않게 됐고…

염소는 자기 뒤에서 무슨 소리가 나는 것을 듣게 됐지. 돌아다봤더니 거기에는 늑대가 있었던 거야.

거대한 늑대가 염소의 살이 어떤 맛일까 생각하며 염소를 바라보고 있었지. 늑대는 자신이 염소를 잡아먹을 수 있다는 확신이 있었기 때문에 서

두르지 않았다네. 염소가 돌아다보자, 늑대는 잔인하게 웃었지.

"하! 하! 스갱 씨의 작은 염소군!"

늑대는 커다랗고 새빨간 혀를 내밀어 무섭게 생긴 입술을 훔치며 입맛을 다셨다네.

블랑켓은 어찌할 바를 몰랐지. 그러다 스갱 씨의 작은 염소는 머리를 숙이고 뿔을 앞으로 내밀어 늑대를 공격했어.

**p.61** 아! 정말 용감한 작은 염소가 아닌가! 아주 용맹스럽게 적에 맞선 거지! 내가 거짓말을 하는 게 아니라, 그랭그와르, 염소는 무려 10번이 넘게 늑대를 뒤로 밀쳐냈다네.

블랑켓은 더 세차게 뿔 공격을 가했고, 그러자 늑대도 이로 더 세찬 공격을 가했다네… 지평선에서는 어슴프레한 빛이 떠오르고 있었다네…

잘 있게, 그랭그와르!

자네가 지금 들은 이 이야기는 내가 지어낸 것이 아니라네. 프로방스 지방에 가면 농부들이 이 이야기를 하는 것을 자주 들을 수 있다네. 자네는 내 말 뜻을 잘 이해할 걸세, 그랭그와르.

밤새도록 늑대와 싸운 스갱 씨의 염소는 아침에 늑대한테 잡아 먹혔다네.

# 당구 경기

**p.62** 심지어 노련한 병사들도 이틀간 싸우고 나면 지치기 마련이다. 특히 비가 오는 데서 밤을 지냈다면 더 그렇다. 이들은 비에 젖은 들판 위로 난 큰 길을 따라서 대기하고 있었다.

피곤에 지쳐 있는 데다 젖은 군복을 입고 있었던 이들은 서로의 체온과 등을 빌리기 위해 몸을 밀착시켰다. **p.63** 여기저기서, 동료의 배낭에 기대어 있던 병사들이 선 채로 잠들기 시작했다. 진흙과 비가 뒤섞인 속에서 불도, 먹을 음식도 없이 이들은 사방이 적으로 둘러싸인 채 휴식을 취하고 있었던 것이다.

이들의 대포와 기관총들도 때를 기다리고 있는 듯했다. 공격을 위한 모든 준비가 갖춰져 있었다. 그런데 왜 아무런 일도 일어나지 않는 것일까? 도대체 이들은 무엇을 기다리고 있는 것일까?

이들은 본부로부터 명령이 오기를 기다리고 있었지만, 아무런 소식이 없었다.

게다가 본부는 아주 가까운 곳에 있었다. 본부는 빨간 벽돌로 벽을 쌓은 아름다운 저택으로 언덕 중턱에 오르면 보이는 곳에 있었다. 너무나도 웅장한 이 저택은 프랑스 육군 원수의 기(旗)를 달고 있기에 충분한 자격을 갖춘 것처럼 보였다.

**p.64** 이 저택의 원래 주인들은 떠났지만, 망가진 것은 아무것도 없었다. 이 저택은 참으로 보기 좋은 모양을 하고 있었다. 아름다운 정원과 나무들이며 새들까지. 하지만 전쟁터와 너무 가까운 곳에 위치해 있었다! 풍경은 평화로웠다. 지붕 위에서 깃발이 휘날리고 있지 않고, 정문에 두 명의 경비병이 서있지 않았다면 아무도 이 저택이 군 본부라고 믿지 않을 게 분명했다.

이 기품 있는 저택 안의 한쪽 어떤 방에서는 당구공들이 굴러다니는 소리, 쨍그랑 하고 잔이 부딪히는 소리와 함께 커다랗게 떠드는 소리와 웃음소리가 들렸다. 육군 원수가 방금 경기를 시작했던 것이다. 또 이것이 군대가 명령을 기다리며 대기하고 있는 이유이기도 했다. 일단 육군 원수가 당구를 치기 시작하면, 하늘이 무너지는 한이 있어도, 이 세상 어떤 것도 육군 원수가 경기를 중단하도록 만들지는 못했다.

이 위대한 군인에게 유일한 약점이 하나 있다면 당구를 너무 좋아한다는 것이었기 때문이다. 그곳에 서있는 육군 원수의 얼굴은 마치 전투가 시작되기라도 한 양 진지하기만 했다. **p.65** 육군 원수는 훈장까지 달고 군복을 완전히 갖춰 입고 있었다. 참모들이 육군 원수 주위에 서서 그가 공을 칠 때마다 아부와 감탄을 하느라 정신이 없었다. 육군 원수가 술을 한잔 하고 싶어 하면, 모두 쏜살같이 그의 컵을 찾으러 갈 정도였다. 또 얼마나 굽실거리고 웃기도 잘하는지 모른다. 이 우아한 방 안에서 육군 원수는 차가운 빗속에서 진흙으로 범벅이 된 군복을 입고 밖에서 대기하고 있는 병사들에 대해서는 까맣게 잊고 있었던 것이다.

육군 원수와 경기를 치르고 있는 상대는 참모 장교였다. 그는 당구에 능해서 이 세상 어떤 육군 원수가 온다고 해도 그에게는 적수가 되지 못했다.

그러나 그는 자기가 모시는 상관이 어떤 사람인지 잘 알고 있었기 때문에, 경기를 이기지도 않으면서 또 너무 쉽게 져주지 않도록 온갖 기술을 동원해 경기를 치렀다.

**p.66** 이 장교의 앞날은 밝을 것이 분명했다.

대위, 조심하라고. 원수께서 5점 앞서 계시네. 만약 자네가 게임에서 지는 척하면 앞으로 자네의 승진은 보장 되는 거고, 결국 저 비를 맞으며 밖에서 대기하는 다른 군인들보다 자네가 훨씬 더 잘 나갈 수 있는 거라고. 게다가 그처럼 좋은 군복에 흙탕물을 튀기는 건 못할 짓 아닌가?

경기는 아주 흥미로웠다. 공들이 굴러가고, 서로 스쳐 지나가고, 비껴가고, 또 튀겼다. 경기는 갈수록 흥미진진해져만 갔다. 하늘에서 섬광이 비추더니 대포 소리가 들렸다. 창문들이 요란하게 덜거덕거렸다. 모두의 얼굴이 사색이 됐다. 육군 원수만이 미동도 않은 채 가만히 있었다. 그의 눈에는 아무것도 보이지 않았고, 귀에는 아무 소리도 들리지 않았다. 그는 완전히 경기에 몰입해 있었던 것이다.

또 다시 섬광이 번뜩였다. 그리고 대포 소리가 이어졌다. 참모들이 창문쪽으로 뛰어갔다. 프로이센군들이 공격을 가하는 것일까?

"그냥 내버려 두라고!" 육군 원수가 자신이 들고 있던 큐에 초크 칠을 하며 말했다. **p.67** "자네 차례네, 대위."

그러나 기관총 소음과 대포 터지는 소리는 더 거세져만 갔다. 전령(傳令)이 쏟아져 들어오기 시작했다. 전령들이 급히 말을 타고 도착하고 있었다. 여기저기서 육군 원수를 만나야 한다고 아우성이었다.

그러나 육군 원수는 계속 만날 수 없는 상황이었다. 이 세상 어떤 것도 그가 경기를 중단하도록 만들 수 없었기 때문이다.

대위는 게임에 집중을 할 수가 없었다. 그는 자신의 상황을 망각하고 연속 두 차례 공을 성공시키는 바람에 거의 게임을 이겨버릴 만한 상황까지 가게 됐다. 육군 원수는 화가 나서 펄펄 뛰었다. 바로 그때 말 한 마리가 전속력으로 질주해 군 본부 앞뜰에 도착했다. 진흙 투성이가 된 참모 한 명이 경비병이 있는 곳을 지나가며 소리쳤다. "원수님, 원수님!" 화가 나 얼굴이 빨갛게 상기된 육군 원수가 손에 큐를 든 채 창문으로 모습을 나타냈다.

**p.68** "거기 누군가? 뭐야? 거기 경비병 없나?"

"하지만, 원수님…"

"어, 그래, 나중에 하자고. 내가 명령을 내릴 때까지 기다리라고 하란 말이야. 제길!"

창문이 쾅 소리를 내며 닫혔다.

육군 원수가 명령을 내릴 때까지 기다리라고. 사실 이게 바로 이 불쌍한 병사들이 지금 하고 있는 일이었다. 바람 때문에 비가 병사들의 얼굴에 몰아치고 있었다.

이들 병사들은 개죽음을 당하고 있었다. 이들은 왜 교전을 시작하지 않는 것인지 알지도 못한 채 그렇게 총을 맞고 있었다. 그들은 명령이 내려오기를 기다리고 있었다. 그렇게 이들은 수백 명씩 목숨을 잃어가고 있었다. 앞에서 말한 당구실에서는 육군 원수가 다시 선두를 차지했고, 체구가 작은 대위가 용맹하게 경기에 임하고 있었다.

17! 18! 19! 육군 원수가 자기 점수를 소리 내서 세고 있었다. 전투 소리가 점점 가까워지고 있었다. 육군 원수가 경기에서 이기려면 이제 한 점이 남은 상황이었다. **p.69** 벌써부터 폭탄이 저택 바로 바깥쪽에 떨어지고 있었다. 그리고는 마지막 한 발이 터졌다.

그 후로는 아주 고요한 정적이 흘렀다. 비가 내리는 소리만 들릴 뿐이었다. 또 언덕기슭에서는 진흙탕이 된 길을 따라 덜거덕거리는 소리만이 들렸다. 마치 저벅대는 군인들의 발소리처럼 말이다. 군대가 완전히 전멸하고 만 것이다. 그리고 원수는 결국 게임에서 승리를 했다.

# 아를르의 여인

**p.70** 그 남자의 이름은 장이었다. 그는 스무 살 난, 잘 자란 청년으로 건장했지만 여자처럼 섬세한 면도 있었다. 그는 수려한 외모를 지닌 덕에 많은 여성들의 관심을 받았다. 하지만 그는 아를르에 사는 어떤 젊은 아가씨 말고는 아무도 마음에 담아두지 않았다. 이 아가씨는 그가 라이스에서 열린 산책 음악회에서 만난 사람이었다.

**p.71** 처음에 남자의 가족은 그가 그 아가씨와 어울리는 것을 원치 않아 했다. 이 아가씨가 바람둥이라는 소문도 있었던 데다가 청년이 사는 지역에서는 그 아가씨의 부모님에 대해 알려진 바가 전혀 없었기 때문이다.

그러나 장은 그 아가씨를 진심으로 사랑했다.

"그녀가 아니면 난 죽어버리겠어요."라고 장은 말했다.

그래서 장의 가족은 장의 뜻을 따를 수밖에 없었다. 그들은 추수가 끝나면 이 두 사람을 결혼시키기로 결정했다.

어느 일요일 저녁, 장의 가족들이 저녁 식사를 끝냈을 때였다. 한 남자가 집으로 찾아와서는 떨리는 목소리로 집주인인 에스테브 씨를 찾았다. 이 남자는 에스테브 씨와 둘이서만 이야기를 나누고 싶어 했다. 에스테브 씨는 자리에서 일어나 길가로 나왔다.

"주인장," 남자가 말했다. "댁이 아들을 바람둥이 처녀에게 장가 보내려고 한다면서요! 그 여자는 2년간 내 정부로 지낸 여자요. 지금 내가 한 말을 증명해 보일 수도 있소. p.72 여기 그 여자가 보낸 편지들이 있소! 그 여자 부모도 모든 걸 알고 있고, 또 그 여자를 나에게 주겠다고 약속까지 했소. 하지만 댁의 아들이 그 여자랑 결혼하고 싶어 하니까, 그 여자나 그 여자 부모 모두 나를 찬밥 취급하고 있단 말이오. 이런 일들이 다 있었는데, 그 여자가 다른 남자의 아내가 되는 것은 절대 있을 수 없는 일이라고 생각하오."

"알겠소!" 남자가 건넨 편지들을 보고 에스테브 씨가 말했다. "안으로 들어오셔서서 술이나 한잔 하시오."

남자는 "난 너무 슬퍼서 지금 술 마실 기분이 아니오."라고 대답했다.

그리고 남자는 가버렸다.

그날 저녁 에스테브 씨는 아들에게 모든 것을 다 이야기했다. 아버지는 아들을 어머니에게 데리고 가더니, "당신이 위로 좀 해주구려! 불쌍한 녀석이야…"라고 말했다.

장은 더 이상 아를르의 아가씨에 대해 이야기하지 않게 됐다. 하지만 그는 여전히 그녀를 사랑하고 있었으며, 오히려 가족들이 그녀가 다른 남자의 여자라고 말한 이후부터 더 강한 사랑을 느끼게 됐다. p.73 다만 그의 강한 자존심이 이런 말을 할 수 없게 만들었을 뿐이었다. 또 이것이 그에게 깊은 상처를 주었다. 가엾은 사람!

이따금씩 그는 미동도 하지 않고 혼자 구석에 박혀서 며칠씩 허송하곤 했다. 또 어떤 때는 엄청난 힘을 자랑하며 밭에 나가서 열 사람이 할 몫의 일을 혼자 해내곤 했다.

저녁이 되면 그는 아를르로 향하는 길을 따라 정처 없이 배회했다. 그는 아를르 마을의 첨탑이 석양을 받으며 서있는 모습이 보일 때까지 계속 걸었다. 그리고 나서 다시 돌아왔다. 장은 그 이상은 더 가지 않았다.

그가 늘 이렇게 혼자 외롭게 있는 것을 보고 그의 가족들은 어떻게 해야 할 지를 몰라했다. 가족들은 무슨 끔찍한 일이라도 일어나면 어쩌나 하고 걱정했다…

한번은 식사를 하다가, 어머니가 눈물을 흘리며 아들에게 말했다. "애야, 장. 네가 아무래도 그 아가씨 없이는 안 될 것 같다면, 우리가 어떻게 한번 해 보마…"

**p.74** 장은 싫다는 뜻을 전하고 밖으로 나갔다…

그날 이후 장의 생활 방식이 달라졌다. 그는 부모님의 걱정을 덜어드리려고 행복한 척 행동했다. 그는 무도회에도 모습을 드러내고, 선술집에서 술도 마시고, 축제에도 참가했다.

그의 아버지는 "이제 괜찮아진 거야."라고 말했다. 하지만 어머니는 늘 불안해 했다.


그러다 농부들의 수호자인 성(聖) 엘루아 축제가 찾아왔다.

집안은 축제 분위기가 됐다… 와인, 불꽃놀이에 춤마당까지 벌어졌다!

장도 즐거워 보였다. 그는 어머니께 함께 춤을 추자고 권하기까지 했다. 가엾은 어머니는 기뻐서 눈물까지 흘렸다.

자정이 되자, 가족들은 잠자리에 들었고 모두 아주 깊은 잠에 빠졌다. 하지만 장은 잠을 청할 수가 없었다. 나중에 그의 남동생이 하는 말이 형이 밤새 흐느껴 우는 소리가 들렸다는 것이다…


**p.75** 다음날 아침 새벽에 어머니가 무슨 소리를 들었다.

장은 벌써 계단을 오르고 있었다. 어머니는 바로 자리에서 일어났다.

"장, 애 너 어디 있니?"

장은 지붕 위로 올라갔고 어머니도 아들을 따라 올라갔다.

"우리 아들, 하느님 맙소사!"

장은 문을 닫고 잠가 버렸다.

"장, 우리 아들, 대답 좀 해보렴. 대체 뭘 하려고 그러는 거니?"

창문이 열렸고, 뒤이어 아래에 있는 마당의 판석포장도로 위로 사람의 몸이 떨어져 부딪히는 소리가 들렸다.

그 가엾은 청년은 "나는 그녀를 너무나 사랑해요… 난 죽어버릴 거예요…"라고 말했다.

아, 인간의 마음이란 것이 얼마나 가련한 것인가. 경멸하는 마음으로도 사랑하는 감정을 없앨 수 없다니 이 얼마나 딱한 일인가!

**p.76** 그날 아침 마을 사람들은 에스테브 씨 댁에서 누가 그렇게 우는 것인지 영문을 알 수 없었다.

그건 바로 피범벅이 돼 죽은 아들의 시신을 안고 오열하는 장의 어머니였다.

## 황태자의 죽음

**p.77** 어린 황태자가 몸이 아파 죽어가고 있었다. 모든 교회에서는 이 왕실 아이의 회복을 비는 기도를 올렸다. 거리에는 음울한 기운이 흘렀고 조용했으며, 더 이상 종도 울리지 않았다.

**p.78** 궁 전체가 불안해하고 있었다. 관리들이 대리석 계단을 급하게 오르락내리락했다. 시종들은 급히 움직이며 조용한 소리로 말했다. 하녀들은 손수건으로 눈물을 훔쳤다. 많은 의사들이 모여 있었다. 국왕은 소식이 전해져 오기를 기다리며 문 앞에 서서 이리저리 서성댔다.

황제는 궁궐 끝에 있는 방에 들어가 문을 걸어 잠갔다. 왕들은 본래 우는 모습을 보이고 싶어 하지 않기 마련이다. 눈물범벅이 돼서, 어린 황태자 옆에 앉아 있는 황후는 모두가 지켜보는데도 큰 소리로 흐느껴 울었다.

창백한 얼굴을 한 어린 황태자는 눈을 감은 채 침대 위에 누워 있었다. 사람들은 황태자가 자고 있다고 생각했지만 아니었다. 그는 자신의 어머니가 있는 쪽으로 고개를 돌렸다. 눈물을 흘리는 어머니를 보고, 황태자는 물었다. "왜 우세요? 정말 제가 죽을 거라고 생각하시는 거예요?"

황후는 황태자의 물음에 대답을 하려고 했지만 울음 때문에 말을 할 수가 없었다.

**p.79** "울지 마세요. 어머니 잊으셨어요? 저는 황태자라고요. 황태자는

죽지 않아요."

황후가 더 크게 흐느껴 울자 어린 황태자는 겁이 나기 시작했다.

그는 "죽음이 와서 저를 데려가지 않았으면 좋겠어요. 그리고 저는 죽음이 여기 오는 것을 막는 법을 알고 있어요. 가장 힘이 센 경비병 40명에게 제 침대에 둘러서서 보초를 서라고 하세요! 그리고 제 방 창문 아래 커다란 대포를 1백대 가져다 놓고 밤낮으로 지키게 하시고요! 감히 저한테 다가오려고 한다면 죽음도 결국 끝장나는 거라고요."

커다란 포들이 그 즉시 궁정에 배치됐고, 체구가 큰 40명의 경비병들이 칼을 들고 방 안에 서있게 됐다. **p.80** 이 병사들은 모두 참전 경험이 있는 군인들로 콧수염을 기르고 있었다. 어린 황태자는 이들을 보고 박수를 쳤다. 황태자는 그들 중 한 명을 알아보고는 그를 불렀다.

"네 검을 내게 보여다오. 만약 죽음이 나를 채가려고 하면 네가 그 놈을 해치울 거지, 그렇지?"

그 군인은 "네, 마마."라고 대답했다.

그러자 굵은 눈물 두 줄기가 그의 뺨을 타고 흘렀다.

그때 신부가 어린 황태자 곁에 다가가서 십자가를 가리키며 낮은 목소리로 이야기를 했다. 이야기를 듣고 있던 황태자는 놀라서 갑자기 신부의 말을 가로막았다.

"무슨 말씀인지 잘 알겠어요. 하지만 내가 돈을 충분히 주면 내 작은 친구 베포가 내 대신 죽을 수 있지 않을까요?"

신부는 낮은 목소리로 이야기를 이어갔고, 어린 황태자의 얼굴에는 놀란 기색이 더 역력해져만 갔다. **p.81** 신부가 이야기를 끝내자, 어린 황태자는 깊은 한숨을 쉬며 말했다.

"당신이 한 이야기는 하나같이 매우 우울하군요. 그나마 한 가지 위로가 되는 것이 있다면, 내가 하늘나라에 가서도 계속 황태자로 지낼 수 있다는 거네요. 저는 마음씨 좋으신 하느님께서 나랑 사촌지간이라는 것을 알아요. 그 분께서는 분명 제 지위에 맞는 대접을 해주실 거예요."

그러더니 황태자는 어머니 쪽으로 고개를 돌렸다.

"제가 가지고 있는 옷들 중 가장 좋은 옷을 가져다주세요! 천국에 들어갈 때 황태자 옷을 입고 가고 싶어요."

신부는 세 번째로 어린 황태자 쪽으로 고개를 숙여 낮은 목소리로 이야기를 시작했다. 황태자는 화가 나서 신부의 이야기를 가로막았다.

"왜 그런 거지?" 황태자는 소리쳤다. "그럼 황태자인 것이 아무 소용도 없는 거잖아!"

**p.82** 그리고는 황태자는 더 이상 이야기를 듣고 싶지 않다며 벽을 바라보고 돌아누워 비통해하며 울었다.

## 코르니유 영감의 비밀

**p.83** 프랑세 마마이는 가끔씩 나와 함께 와인을 마셨다. 요전날 저녁에 그는 내게 20년 전쯤에 일어난 일이라며 다음과 같은 이야기를 들려주었다. 그가 내게 해준 이야기는 이러했다.

**p.84** 옛날에는 밀가루 장사가 잘 돼서 농부들이 우리한테 밀가루를 갈아려고 멀리서 찾아왔다네. 그래서 마을 언덕마다 풍차를 볼 수 있었지. 어느 쪽을 쳐다보든 풍차 날개가 돌아가는 모습이 보일 정도였어. 길 위에는 짐 자루를 실은 작은 당나귀들의 행렬이 길게 이어져 있었고, 일주일 내내 풍차 돌아가는 소리를 듣는 것도 아주 즐거운 일이었다네.

안타까운 일이지만, 파리 출신의 어떤 사람들이 증기로 가동되는 제분소를 세울 생각을 하게 됐고, 그때부터 사람들은 이 근사한 새 제분소로 밀을 보내는 버릇이 생기게 된 거지. 곧 가난한 방앗간장이들이 할 일이 없어지게 됐네. 한동안은 이 방앗간장이들도 노력을 하기는 했지만, 증기력은 이들이 물리치기에는 너무나 강한 상대였어.

오호통재라! 이들 방앗간들은 하나 둘씩 문을 닫아야만 했지. 새끼 당나귀들도 이제는 더 이상 보이지 않았다네. **p.85** 바람이 거세게 불어도 풍차는 돌아가지 않았지.

어느 날엔가는, 오래된 풍차들이 전부 헐리게 됐지. 딱 한 채의 풍차만 남고 모두 허물어졌어. 그 풍차의 주인은 코르니유 영감님이었다네.

코르니유 영감님은 60년 경력을 자랑하는 방앗간장이로, 이런 자신의 경력을 무척 자랑스럽게 여기셨지. 새로 지어진 제분소들 때문에 영감님은 무척 화가 나계셨어. 영감님은 1주일 동안 새 제분소를 욕하며 마을 여기저기를 뛰어다니셨지.

영감님은 "녀석들이 증기 제분기에서 만든 밀가루로 우리를 독살할 거라고. 그 근처에도 가지 말라고. 그건 악마의 발명품이라고. 나는 하느님이 만드신 좋은 바람을 이용한다고!"라고 말씀하셨지.

영감님은 이따금씩 풍차를 찬양하는 노래도 불렀지만 아무도 그분 노래에 귀를 기울이지 않았어.

**p.86** 그러자 영감님은 자기 풍차 안으로 들어가서는 문을 걸어 잠가버리셨어. 심지어 영감님은 자기 손녀도 곁에 오지 못하게 하셨지. 그 손녀는 비베트라는 이름의 15살짜리 소녀였다네. 사람들은 언제나 자존심을 지키며 살아온 코르니유 영감님같이 잘 알려진 사람이 방랑자처럼 맨발로 거리를 정처 없이 다니는 것이 안타까운 일이라고 여겼지. 영감님의 모자와 외투에는 구멍이 많이 나 있었어.

코르니유 영감님이 여러 사람들의 고개를 갸우뚱하게 만드는 것이 하나 있었다네. 오랫동안 마을에 사는 어느 누구도 그 영감님에게 옥수수를 가져다주지 않고 있었거든. 그런데도 영감님의 풍차 날개는 예전처럼 계속 돌아가는 거야. 저녁에 우리는 가끔 이 코르니유 영감님과 마주치곤 했는데 영감님은 커다란 자루를 실은 당나귀를 몰고 있었어.

"안녕하세요, 어르신." 농부들이 큰소리로 인사를 건넸지. "아직도 방앗간이 돌아가나요?"

"절대 멈추지 않는다네."라고 영감님은 기분 좋은 목소리로 대답했지. "하느님 덕분에 일감이 부족하지 않게 살고 있다네."

**p.87** 그렇지만 영감님의 방앗간 안을 들여다보는 것은 거의 불가능했어. 심지어 영감님의 손녀인 비베트도 그 안으로는 들어갈 수 없었거든.

영감님의 방앗간 앞을 지나갈 때마다 보면 문이 닫혀 있었지만, 커다란 풍차 날개는 늘 움직이고 있었어.

이 모든 일에 무언가 불가사의한 것이 숨어있는 것처럼만 보였지. 사람들은 코르니유 영감님의 비밀에 대해 저마다의 가설을 세워두고 있었다네. 하지만 결국에는 모든 것이 밝혀졌다네. 이게 바로 모든 것이 밝혀지게 된 전말이라네.

어느 화창한 날, 우리 큰아들이랑 비베트가 서로 사랑에 빠지게 됐다네. 이 마을에서 코르니유 가문은 대단히 존경을 받고 있었기 때문에 나는 크게 화를 내지는 않았어.

나는 당장 문제를 매듭지어야겠다고 생각하고 비베트의 할아버지와 이 야기를 하기 위해 언덕 위로 올라갔다네. **p.88** 그렇지만 영감님은 문도 열 어주려고 하지 않으셨어. 영감님이 거칠게 소리치셨지. "돌아가게! 만약 자 네가 자네 아들을 결혼시키고 싶다면 제분소에서 일하는 아가씨들 중에서 상대를 찾아야 할 거야."

영감님의 말을 듣고 내가 얼마나 화가 났을지는 굳이 말하지 않아도 상 상이 될 걸세. 나는 그 어리석은 영감님의 방앗간을 등지고 집으로 가서 아 이들에게 말했지. 아이들은 내 말을 믿을 수 없어 했다네. 자기들이 직접 영 감님과 말을 해보겠다며 방앗간으로 갔어.

아이들이 방앗간에 도착했을 때 거기에는 아무도 없었다네. 문은 잠겨 있었지만, 영감님이 밖에 사다리를 두고 간 거였지. 두 사람은 창문을 통해 안으로 들어가 영감님의 방앗간 안에 무엇이 있는지 확인하기로 했지.

이 얼마나 불가사의한 일인가! 방앗간 안이 완전히 비어 있었던 거야. 자루도 하나 안 보였고, 옥수수 낱알 하나, 약간의 밀가루도 보이지 않았어. 다만 방앗간 한쪽 구석에는 자루 서너 개가 터져서 열려 있었고, 바닥에는 부서진 석회 가루가 여기저기 흩어져 있었다네.

**p.89** 그게 바로 코르니유 영감님의 비밀이었던 거지! 이것들은 허물 어버린 풍차들에서 가져온 석회 가루들과 벽돌들로 영감님이 방앗간의 명 예를 지키고 마을 사람들이 방앗간에서 계속 밀을 빻아서 밀가루를 만들고 있다고 믿게 하려고 저녁마다 싣고 길을 오가던 것이었어. 불쌍한 코르니 유 영감과 영감님의 방앗간 같으니라고! 풍차 날개는 계속 돌고 있었지만 맷돌이 갈 게 없었던 거지.

이 두 젊은이는 눈물을 흘리며 돌아와서 나에게 자신들이 본 것에 대해 이야기해 주었다네. 이들의 이야기를 들으며 나는 깊은 슬픔을 느꼈다네. 나는 마을 사람들에게 달려가서 이 사실을 알렸지. 그 즉시 우리는 우리가 모을 수 있는 밀을 모두 가지고 코르니유 영감님의 방앗간으로 가기로 했다 네. 온 동네 사람들이 진짜 옥수수를 실은 당나귀들을 줄줄이 이끌고 코르니유 영감님의 방앗간으로 향했다네.

**p.90** 우리가 도착했을 때, 코르니유 영감님은 석회가루가 담긴 자루 위에 앉아서 손으로 머리를 감싼 채 흐느껴 울고 계셨다네.

"난 이제 끝장이야!" 영감님이 말씀하셨어. "이제는 죽는 것 빼고는 할 게 아무것도 없다고. 내가 우리 방앗간의 체면을 깎아 먹은 거야."

영감님은 가슴이 찢어질 듯이 흐느끼셨지.

바로 그때 언덕 위에 있는 방앗간으로 당나귀들이 도착했다네. 우리 모두는 좋았던 옛 시절처럼 크게 소리를 쳤어. "안녕하세요, 코르니유 영감님!"

이제는 문 앞에 자루들이 쌓였고, 황금빛의 누런 옥수수들이 땅 위에 넘쳐났지.

코르니유 영감님은 놀라서 눈을 크게 뜨고 쳐다보셨다네.

그는 옥수수를 집어 들고는 반은 웃고 반은 우는 얼굴로 계속 같은 말을 반복하셨지. "옥수수다! 하느님 감사합니다! 진짜 옥수수예요!"

**p.91** 그러더니 영감님이 우리를 돌아다보면서 말씀하셨어. "오! 나는 자네들이 내게 돌아올 거라고 믿고 있었다네! 그 증기 엔진을 사용하는 방앗간들은 전부 도둑들이라고!"

우리는 영감님을 무등 태워서 마을로 모시고 가려고 했지.

"아니네, 아니야, 이 사람들아. 우선 나는 가서 우리 방아가 먹을 것부터 줘야겠네. 아주 오래 전부터 아무것도 먹지 못했잖는가."

가엾은 노인네가 자루를 열고 눈은 옥수수를 빻고 있는 맷돌에 고정시킨 채 분주하게 돌아다니는 걸 보자 우리 눈에도 눈물이 고였다네.

# 노부부

**p.92** "편지가 왔나, 아잔?"

"예… 파리에서 온 거예요."

나이 든 아잔은 파리에서 온 편지를 무척이나 자랑스럽게 여겼지만… 나는 아니었네. 왠지 이 편지 때문에 내 하루가 다 망쳐질 거라는 예감이 들었기 때문이었지.

**p.93** "이보게 친구, 자네가 내 부탁 좀 들어줘야겠네. 자네 풍차 방앗간을 하루만 닫고 에이귀에르에 좀 다녀와 주게. 왜 그 큰 마을 있지 않은가.

걸어가기에 먼 곳은 아니라네. 거기 도착하면 수녀원에서 운영하는 고아원부터 찾게. 고아원 바로 다음에 있는 첫 번째 집은 작은 회색 집으로 뒤에 작은 정원이 있다네. 노크는 안 하고 들어가도 되네. 문이 늘 열려 있으니까. 가서 큰 소리로 외치라고. '안녕하세요! 전 모리스의 친구인데요…' 그러면 두 분의 노인이 계실 거야. 아, 그 분들 지금은 연세가 아주 많이 드셨을 거야. 그 분들이 자네를 향해 팔을 뻗거든 자네가 나를 대신해 그 분들을 꼭 안아드리게나. 그러면 그 분들이 계속 내 얘기만 할 게 분명해. 별 시덥잖은 얘기들을 끝없이 하실 거라고… 그러더라도 웃지 말고, 알았나? 그 분들은 내가 사랑하는 조부모님들이신데, 지난 10년간 나를 본 적이 없으시다네… **p.94** 10년은 아주 긴 세월이지! 하지만 어쩌겠나? 파리가 계속 내가 그분들을 보러 가지 못 하게 막는데 말이네. 또 연세가 많으셔서 조부모님께서 날 보러 오실 수도 없는 노릇이고… 다행히 자네가 있지 않은가, 내 방앗간지기 친구. 자네를 안으시면 그분들께서 나를 안았다는 느낌을 조금이라도 받으실 수 있을 게야… 내가 조부모님께 우리가 아주 절친한 사이라고 편지에 가끔 써두었다네…"

절친한 사이가 다 뭐람! 그에게 온 편지 때문에 나는 난처한 입장이 된 거였지. 뭐, 그러니 내가 어떻게 할 수 있었겠는가? 구시렁구시렁 대면서도 방앗간 문을 닫고 길을 나설 수밖에.

나는 한 2시 경에 에이귀에르에 당도했네. 이 마을에는 사람이 아무도 없었어. 마을 사람들이 전부 밭에 가있었던 거야. 그래서 내게 고아원 가는 길을 일러줄 사람이 아무도 없었네. 천만다행히도 자기 집 현관문 앞 계단에 앉아 있는 늙은 마녀가 갑자기 눈앞에 보였어.

마녀에게 내가 찾고 있는 곳을 말했지. 이 늙은 마녀는 아주 능력이 좋아서, 빗자루만 들었을 뿐인데 마치 마법처럼 내 눈앞에 고아원이 나타났네. **p.95** 고아원 건물 옆에 작은 회색 집이 보였고 그 뒤로는 작은 정원이 있었어… 나는 이 집을 알아보고는 문을 두드리지 않고 바로 그 안으로 들어갔어.

안에서는 커다란 시계가 똑딱똑딱 소리를 내고 있었고, 어떤 어린 여자아이가 학교에서 하듯이 천천히 소리 내서 책을 읽고 있었지. 아이는 한 글자 한 글자씩 책을 끊어 읽었어.

"그리고 나서… 성… 이라누스가… 소리를… 쳤다… 나는… 왕… 의… 밑… 이다… 나는… 이… 동물들… 의… 이… 로… 갈아져야… 만… 한다…"

나는 문 쪽으로 살며시 다가서서 안을 들여다보았지…

**p.96** 작은 방에서 뺨이 발갛고 주름이 자글자글한, 인자하게 생긴 노인이 깊숙한 안락의자에 앉아서 자고 있는 모습이 보였어. 이 노인의 발치에는 고아원에서 입는 파란 모자가 달린 망토를 두른 작은 여자아이가 성 이라누스의 인생이 기술된 커다란 책을 읽고 있었고.

기적에 대한 이 이야기책이 집 전체에 기적을 행했는지 모든 것들이 잠에 빠져 있었다네. 노인은 자신의 안락의자에서, 파리들은 천장에서, 카나리아들은 저쪽 창문 옆에 매달려 있는 새장 속에서 잠을 자고 있었어. 커다란 시계가 똑딱똑딱 소리를 내며 가고 있었고. 방 전체를 통틀어서 깨어 있는 것은 아무것도 없었지. 이렇게 모두가 잠을 자고 있는 사이, 아이는 계속 책을 읽어내려 갔어.

"곧… 장… 두… 마리의… 사자가… 그를… 덮쳐서… 그를… 잡아… 먹었다…"

바로 그때 내가 방안으로 들어간 거라네… 그 결과는 정말이지 극적이었다네! 아마 성 이라누스의 사자들이 왔더라도 나만큼 그들을 놀라게 만들 수는 없지 않을까 싶을 정도였어. **p.97** 작은 여자아이는 비명을 지르다 손에 들고 있던 그 큰 책을 떨어뜨렸고, 카나리아는 잠이 깨서 날아다녔고, 시계는 종을 쳐댔고, 노인은 두려움에 몸을 떨며 자리에서 벌떡 일어나셨어. 나도 약간 당황해서 걸음을 멈추고는 아주 큰 소리로 소리쳤지. "안녕하세요, 여러분! 저는 모리스의 친구랍니다."

이때 그 가엾은 노인의 모습을 직접 볼 수 있으면 좋았을 텐데! 노인은 양팔을 벌리고 내게 다가와 나를 안고 악수를 하며 소리치셨어. "오, 세상에나! 이런, 세상에나!"

노인의 얼굴에는 웃음이 가득했지. 노인은 계속 **p.98** "오, 이 사람!… 오, 이 사람아!…"라고 말씀하셨어.

그리고 나서 노인은 방 뒤쪽으로 가서 "마메트!"하고 소리를 쳤어.

문이 열렸지. 마메트라는 분이었는데, 모자를 쓰고 가운을 입고 계신 체구가 작은, 마음씨 좋게 생긴 할머니셨어. 나는 두 분이 하도 비슷하게 생기셔서 깜짝 놀라지 않을 수 없었다네!

고아원 아이들에게 보살핌을 받고 계시는 두 노인을 보니 더할 수 없이 가슴이 뭉클해졌다네. 할머니가 방안으로 들어오시자, 할아버지가 말하셨어. "이 분이 모리스의 친구분이시라네…"

할머니는 몸을 파르르 떠시며 우셨다네.

"어서, 어서, 의자를…" 할머니가 어린 여자아이에게 말하셨어.

"덧문을 열어라…" 할아버지가 소리치셨어.

그런 다음 할머니와 할아버지는 내 손을 각자 한쪽씩 잡으시더니 내 모습을 더 잘 보기 위해 이제는 활짝 열린 창문 쪽으로 나를 이끌고 가셨다네. 그리고 할머니와 할아버지 사이에 놓여 있던 등받이 없는 의자 위에 나를 앉히시고는 내게 질문을 하기 시작하셨어. 파란 옷을 입고 있던 여자 아이는 우리 뒤에 서 있었지. p.99 "모리스는 어떻게 지내나요? 잘 지내나요? 왜 우리를 보러 오지 않는대요? 행복하게 지내는가요?"

그런 식으로 이런 질문들이 몇 시간 동안 이어졌지.

나는 내 친구에 대해 내가 아는 내용을 상세히 설명 드리면서 할머니 할아버지께서 하시는 질문에 전부 답해드리려고 최선을 다했어. 모리스가 창문을 잘 닫고 지내는지, 모리스네 벽지가 무슨 색깔인지 등과 같이 내가 잘 모르는 질문에 대해서는 뻔뻔스럽지만 지어내서 답을 드리기도 했다네.

"모리스 씨네 벽지요!… 파란색입니다, 부인. 꽃무늬가 들어간 밝은 파랑색이요."

"정말인가요?" 할머니는 크게 기뻐하시며 목소리를 높여 물으셨지. 그리고는 할아버지 쪽으로 몸을 돌리시고는 "아주 착한 아이죠!"라고 말씀하셨어.

"그렇지! 아주 훌륭한 녀석이야!"라고 할아버지도 신이 나서 대답하셨다네.

p.100 그리고 내가 말을 하는 동안 내내, 두 분은 계속 서로를 바라보면서 고개를 끄덕였고, 약간의 미소를 지어보내기도 하고, 다 안다는 듯이 눈

짓을 하기도 하셨어. 하지만 이따금씩 할아버지가 내 쪽으로 몸을 기울이시고는 이렇게 말씀하셨다네. "더 크게 말해주게!… 우리 집사람이 귀가 많이 어두워!"

그리고 나면, 이번에는 할머니가 "좀 더 크게 말해줘요, 부탁이유!… 우리 영감이 귀가 많이 어두워요."라고 말씀하셨어.

그래서 나는 목소리를 높이곤 했는데, 두 분 다 미소를 지으며 내게 고마워하셨지. 그리고 두 분은 마치 내 눈 속에서 모리스의 모습이라도 찾으려는 듯이 내 쪽으로 몸을 기울이시곤 하셨어.

내가 가장 깊은 감동을 받은 것은 바로 그때였네. 두 분의 지친 미소 속에서 내 친구의 모습이 보였던 거야. 마치 그가 저 멀리 짙은 안개 속에서 내게 미소를 짓고 있는 듯 했다네.

갑자기 할아버지가 의자에서 등을 곧게 펴고 앉으셨어.

**p.101** "마메트, 방금 생각이 났는데… 아마 이 양반 점심을 못 먹었을 게야!"

그러자 마메트 할머니가 대답하셨어. "점심을 못 드셨다고요! 아이구, 이런!"

나는 두 분이 아직도 모리스 이야기를 하고 계신 거라고 생각했지만, 알고 보니 내 얘기를 하고 계신 거였어.

내가 식사를 못했노라고 말씀드리고 나서 벌어진 야단법석을 직접 봤으면 좋았을 텐데.

"어서, 파란 옷을 입은 꼬마야, 식탁을 차리거라!"

그런데 그들은 동작은 진짜 빨랐어! 접시를 세 개 내올 만한 시간에 점심이 나온 거야!

"자, 소박하지만 맛있는 점심이라우!" 마메트 할머니께서 나를 식탁으로 안내하시며 말씀하셨어. "하지만 혼자 식사를 해야 한다우. 우리는 아침에 벌써 식사를 했어."

이 노인들은 정말! 몇 시에 찾아뵙든지, 이 분들은 늘 그날 아침에 식사를 하셨다고 할 분들이셨어!

**p.102** 마메트 할머니가 차려주신 소박하지만 맛있는 점심에는 우유, 대추야자 열매 몇 알, 그리고 할머니랑 할아버지가 기르시는 카나리아들이 쵀

소한 일주일은 배불리 먹을 수 있는 단맛이 나는 빵이 푸짐하게 나왔다네…
나는 그걸 혼자 다 먹어치웠지. 그때 식탁 주변에서 원성이 자자했을 게 분
명했다네! 그 꼬마 애들은 서로 쿡쿡 찌르며 얼마나 수근거렸을까! 저기 새
장에 있던 카나리아들도 '어, 저것 좀 봐! 저 아저씨가 우리 음식을 다 먹어
치우잖아!' 라고 이야기했을 게 분명하고.

나는 이런 것도 눈치채지 못한 채 진짜 음식을 다 먹어버렸지 뭐야.

나는 너무나 평화롭고, 아주 오랜 옛날을 떠오르게 하는 밝은 방안을 둘
러보느라 정신이 없었다네… 특히, 두 개의 작은 침대에서 눈을 뗄 수가 없
었지. 나는 새벽마다 둘 다 술 장식이 있는 기다란 커튼 뒤에 가려져 있는 요
람만큼이나 작은 이 침대들을 마음속으로 그려 보았다네.

**p.103** '당신 자오, 마메트?'

'아니요, 여보.'

'모리스는 착한 애예요, 그렇죠?'

'정말 그렇지! 아주 괜찮은 애라고!'

두 노인의 작은 침대가 놓여 있는 것을 보고 나는 이런 식의 대화가 오
고갈 것이라고 상상했지.

한편 방의 다른 쪽에서는 한바탕 소동이 벌어지고 있었어. 모리스가 오
기만을 기다리며 10년 동안 모셔두었던 브랜디에 절인 체리 항아리를 찬장
꼭대기 높은 곳에서 어떻게 꺼낼 것인가를 두고 사건이 벌어진 거였지. 노
부부께서 이제 나를 위해 이 항아리를 열려고 하셨던 거야.

마메트 할머니가 만류를 했음도 불구하고, 할아버지는 자신이 직접 체
리를 꺼내시겠노라고 고집을 피우셨어. 할아버지가 의자 위에 올라서서 체
리를 꺼내려고 하셔서 겁에 질린 할머니는 어찌할 바를 몰라 하셨어…
**p.104** 어떤 광경이 벌어졌는지는 보지 않아도 아마 상상이 될 거네. 할아버
지는 의자에 올라 비틀비틀 거리며 손을 위로 뻗으셨고, 파란 옷을 입은 꼬
마는 의자를 꼭 붙잡고 있었지. 그 뒤에서 마메트 할머니는 가슴을 졸이며
어떻게 할 줄 몰라 손을 앞으로 내밀고 계셨어… 나는 또 이 광경을 넋이 나
가서 지켜보고 있었고.

마침내, 천신만고 끝에 이분들은 그 유명한 항아리와 함께 모리스가 어
릴 적 쓰던 오래된 은 머그잔을 찬장에서 내리는 데 성공하셨다네.

그분들은 나를 위해 이 머그잔 가득히 체리를 채워주셨지. 모리스가 그렇게 체리를 좋아했다는 거야. 그리고 이걸 내게 주시면서 할아버지께서는 계속 내 귀에 대고 속삭이셨어. "자네는 정말 운이 좋은 거네, 알겠나! 이 체리를 맛볼 수 있다니 말이야! 우리 아내가 직접 병조림을 한 거라고! 정말 맛있다네, 자네도 알게 될 걸세!"

이런, 할머니가 직접 담그신 게 맞긴 했는데 설탕을 넣는 걸 깜빡하신 모양이었네. 하지만 연세가 드시면 원래 깜빡깜빡하시기 마련이지 않나. 이 정도는 예상하고 있어야 했던 거지. **p.105** 자네 체리는 정말 맛이 없었다네, 이 불쌍한 사람아… 하지만 그렇다고 해서 내가 그 체리를 안 먹었다는 건 아니야. 나는 주저하지 않고 하나도 남김 없이 체리를 전부 먹어치웠다네.

식사가 끝나고 나는 주인어른들께 작별을 고하려고 몸을 일으켰지. 그분들은 손자 얘기를 더 했으면 하고 내가 더 머물러 주기를 바라셨지만 날이 저물고 있었고 방앗간도 멀리 떨어져 있기 때문에 나는 가야만 했지.

할아버지도 나와 함께 자리에서 일어나셨어.

"마메트, 내 외투 좀 주구려!… 이 양반을 광장 있는 데까지 바래다 드려야겠어."

나는 실제로는 마메트 할머니가 벌써 날씨가 많이 추워져서 할아버지가 광장까지 가시기는 무리라고 생각하고 계신 걸 잘 알고 있었지만, 할머니께서는 주저하지 않으셨어. 오히려 할아버지께 조용히 말씀하시더라고. "너무 늦게 돌아오시지는 않을 거죠, 영감?"

그러자 할아버지가 대답하셨지. "호, 호! 난들 알겠소?… 아마 그럴지도 모르지!…"

**p.106** 두 분은 서로를 마주 보고 웃으셨어. 우리끼리 하는 말이지만, 아무래도 내가 먹은 술에 절인 체리 냄새가 이 분들 머리에 약간 영향을 미친 게 아닌가 싶네.

할아버지와 내가 밖에 나섰을 때, 밤이 찾아오고 있었지. 파란 옷을 입은 그 꼬마가 멀리서 우리 뒤를 쫓아오고 있었어. 할아버지를 집에 모시고 돌아가려고 그런 것이었지만 할아버지는 이 아이를 보지 못 하셨다네. 할아버지께서는 남자답게 나랑 팔짱을 끼고 걸어가시는 걸 무척 자랑스럽게 여기시는 것처럼 보였다네. 마메트 할머니는 만면에 미소를 가득 머금으신 채 집 앞 계단에 서서 우리가 가는 모습을 눈으로 쫓으며 자신의 작은 머리를 기쁘게 *끄덕*이고 계셨어. 마치 '아무렴 그렇지! 아직도 걸으실 수 있고말고, 우리 가엾은 영감!' 이라고 말하시는 듯했지.

memo